本当は怖い日本の神話

古代ミステリー研究会 編

彩図社

はじめに

日本神話には、古代の人々の価値観が反映されている。それは自然への感謝であったり、先祖を敬う気持ちであったりと、現代であっても美徳とされる価値観ばかりである。

しかし一方で、日本神話に表されているのは、美しい話だけではない。むしろ随所で感情がむき出しになっており、恐ろしいエピソードは枚挙《まいきょ》に暇《いとま》がないほど多い。

たとえば、日本の国土や多くの神々を生んだイザナギとイザナミは、最初に生んだ子を気に入らず、なんと海に流している。流された神はヒルコと言い、身体に不自由がある神だった。

その後、多くの神々が二柱によって生み出されたが、火の神であるカグツチが生まれたときに事件が起きた。カグツチの炎でイザナミは性器を焼かれて大怪我を負い、それが元で死んでしまうのだ。イザナギは愛しい妻を殺したカグツチを許せず、自分の子どもであるにもかかわらず、斬り殺してしまうのだった。

なぜこんな残忍なエピソードが描かれたのか？　その背景として、当時の人々が置かれた環境を知る必要がある。

現代とは違い、ガスも水道も電気もなく、人間と自然との距離が非常に近かった。自然は恵みをもたらすと同時に、命を無情に奪っていく。水害や干ばつで作物が育たなくなり、疫病が蔓延して人々がやせ衰えていくことが多かった。子どもを授かっても無事に出産できるとは限らず、無事に成長しても、他の共同体との争いなどで、満足に生活できない者もいただろう。

そんなとき、人々は自然を通じて神に祈り、目の前の困難を解決してくれるよう願った。そのために儀式を開き、時には命まで差し出すこともあった。また、豊かな土地を求めて勢力圏を広げ、人間同士の争いも厭わなかった。そんな過酷な経験が、神話には反映されているのだ。

本書はそのような、日本神話にまつわる恐ろしいエピソードをまとめている。

第一章では神々の嫉妬や確執、怨恨をテーマにした怖い話を紹介する。横暴な性格から天上界を追放された悪神スサノオや、世界に大災厄をもたらした最高神アマテラスなど、物騒なエピソードを持つ神には事欠かない。

　第二章では、神話から読み取れる古代の恐ろしい風習をまとめた。人間を神への生贄《いけにえ》として捧げる人身御供《ひとみごくう》、熱湯に手をつけさせて裁判を行う盟神探湯《くかたち》、相手に呪いをかける丑《うし》の刻参《こくまい》りなど、歴史に残るまじないや儀式について触れている。

　第三章では神社に関連するエピソードを紹介する。八百万《やおよろず》の神々を祀る神社の中には、古くから恐ろしい言い伝えが存在しているところも少なくない。

　第四章では天皇家にまつわる怖い神話を取り上げる。神の子孫とされる天皇家だが、古代の史料を紐解くと、これまた謎に包まれた興味深い話が数多くみられる。

　これまで日本人は自然や八百万の神々とどう関わり、どのようにして文化をつくってきたのか。本書がその一端を知る一助になれば幸いである。

本当は怖い日本の神話　目次

第一章　日本神話の怖い神々

第二章　神話から浮かび上がる恐ろしい風習

第三章　封印された神社の秘密

第四章　神話に秘められた天皇家の危うい歴史

アマテラスがスサノオの横暴に耐えかねて岩戸に姿を隠すと、世界に災害や疫病が蔓延。この場面は、神々がなんとかアマテラスを岩戸から引き出すことに成功した瞬間を描いている。この後、災いの元となったスサノオは神々に制裁を加えられ、地上に追放された（三代歌川豊国「岩戸神楽乃起顕」部分）

第一章

日本神話の怖い神々

1・両親に捨てられた神ヒルコ

海に流された最初の子ども

日本神話には、実に多彩な神々が登場する。天照大神《あまてらすおおみかみ》（以下アマテラス）や大国主命《おおくにぬしのみこと》（以下オオクニヌシ）など、華やかでドラマチックな活躍をする神々は特に有名だ。一方で、神として扱われず、不遇な扱いを受けた神もいる。それがヒルコだ。

ヒルコは、アマテラスやスサノオを生んだイザナギとイザナミの、最初の子として登場する。『古事記』の記述に基づけば、それは「不良の子」だった。二柱はこの不良の子を自分の子どもだと認めようとはせず、葦《あし》の船に乗せて海に流してしまったのである。『日本書紀』では、ヒルコはアマテラスら三貴子《さんきし》と同じタイミングで生まれたにもかかわらず、3年間歩くことができなかったため、海に流されたと記されている。

天御柱を回り、国生みの儀式を行うイザナギとイザナミ。この儀式によって生まれたヒルコとアワシマという神は、両親に気に入られず海に流された（『神代正語常磐草』国会図書館所蔵）

ヒルコが捨てられた時代背景

両親から手ひどい仕打ちを受けたヒルコ。しかもその行く末は、「記紀《きき》」では語られていない。一体なぜ、このようなひどい描かれ方をしているのだろうか。

一つには、「穢《けが》れ」という価値観の影響が考えられる。かつての日本では、人々は不幸や病、死を穢れとして忌避《きひ》していた。清浄なものを尊ぶ一方、その対極にある穢れを忌《い》み、自分の近くに穢れたものがあることを極端に避けていたのだ。その名残は、神社における「お清め」という言葉に象徴されている。

反対に、この神話にはプラスの意味合いがあるという解釈もある。『古事記』において、ヒルコは漢字で「蛭子」と書かれている。山中の泥場などに生息して哺乳類の血を吸う、あの蛭だ。蛭が住む泥中は、古代において生命力にあふれる場所だと信じられていた。この蛭を海の彼方に流すことで、幸福の世界＝常世《とこよ》の国へ向かわせようとしたのではないか、というわけだ。イザナギは常世でヒルコの生きる力を向上させるため、あえて船で流したのかもしれない。

　身体が不自由な子どもを海に流さなくても、と思うかもしれないが、神話の世界では、神が身体にハンデを負うことは珍しくない。北欧神話に登場する神ヘズは盲目で生まれるし、ギリシャ神話の神へパイストスは、生まれつき足が悪かったことで母神ヘラの怒りを買って海へ捨てられるという、ヒルコと同じ末路をたどっている。

　ここで面白いのは、大抵の神々は不幸なままでは終わらないことだ。ヘラに捨てられたヘパイストスは、海の神々に育てられてから神の世界に帰還。鍛冶の神の座につき、英雄の武具を作ることになる。北欧神話のヘズも一度は弟に殺されるが、復活して新世界を治める神の一柱になっている。そしてヒルコも、時代を経ると日本を代表する福の神へと出世しているのだ。

常世にたどり着かなかったヒルコ

「記紀」にヒルコのその後は記されていないが、兵庫県西宮《にしのみや》市の西宮神社には後日談が残されている。

神社の言い伝えによると、海に流されたヒルコは常世の国には着かず、摂津国の西浦（兵庫県西宮市）に漂着。そこで土地の人々から外地の来訪者を意味する「夷《えびす》」の字を与えられ、夷三郎として大事に育てられたという。夷三郎は、やがて夷三郎大明神、戎《えびす》大神として祀られるようになり、神の世界へと帰還。つまり、福の神であるエビス神になったのだ。西宮神社では現在でも、ヒルコをエビスと同一視して信仰している。

といっても、こうした信仰が史料からわかるようになるのは、室町時代ごろのことである。その背景には、台頭する商人の欲求があった。経済活動が活発になっていた当時、商人たちは商いを守護する神を欲するようになっていた。そうした神の一柱として、エビス神も信仰を集めたのだ。漁業の神としての功徳《くどく》が注目されて信仰を拡大し、江戸時代には商売繁盛の神として都市部に浸透。特に大阪や神戸の阪神間で受容され、現在でも多くの神社に祀られている。

2・古代人が抱いていた火の神への恐怖心

母親を焼き殺したカグツチ

ヒルコを海に流したイザナギとイザナミは、日本の国土を次々に生み出した。この「国生み」が終わると、二柱は自然や生活に関わる神々を生んでいく。これによって、家屋建築の神、河川の神、山神や風神など数多くの神が誕生したが、炎の子が生まれたときに、事件が起きた。我が子の炎でイザナミは性器に大やけどを負い、何日も苦しみ抜いた末に死んでしまったのだ。

イザナミの死体は、出雲国《いずものくに》（島根県）と伯耆国《ほうきのくに》（鳥取県）の間にある比婆之山《ひばのやま》に葬られた。そして、悲劇はさらに続いた。イザナギは妻を殺した火之迦具土神《ひのかぐつちのかみ》（以下カグツチ）を激しく憎み、ついには十束剣《とつかのつるぎ》で斬殺。イザナミを取り戻すために黄泉《よみの》国《くに》へと向かっていったのだった。

島根県安来市にある比婆山。柱状の割れ目が大きな特徴（Kamishirowk/CC BY-SA 4.0）

火から生まれる生命

このように、カグツチは生まれながらにして親に恨まれ、殺されるという悲惨な末路をたどっているが、実はその死によって多くの神々が生まれていた。その数は、16柱にも及ぶ。剣先からしたたる血や、鍔《つば》からこぼれた血、柄から指の間にしたたる血など、血から生まれた神がその半数を占める。

カグツチの死体からも神は生まれるが、注目すべきなのは、いずれの神も山や農耕、鉄など、生産活動と深く関わるという点だ。

火は命や自然環境を奪いかねない危険なものだが、一方で、鉄を溶かしたり燃料を燃やしたりと、自然を加工して人間の生活を豊かにするにも、欠かせないものだった。カグツチの死のエピソードには、火をコントロールしたいという気持ちと、火がもたらす恩恵への感謝の気持ちという、相反する感情を見出すことができるのである。

そもそも、古代の人々にとって出産とは、母子ともに命を落とす可能性がある、危険を伴うものだった。それに無事に生まれたとしても、大人になるまで成長できる保証はなかった。

日本で初めて乳児死亡率のデータが集められるようになったのは明治時代になってからだが、その初めの統計では、乳児（生後1年未満）の死亡率は、約15％に及んだ。仮に無事に生まれても、1年以内に10人に1人以上の割合で亡くなっていたわけだ。それ以前の時代でさらに死亡率が高かったことは、想像に難くない。

そうした出産の過酷さが、この神話にも痛いほど反映されているのだ。

火を恐れた古代の人々

また、カグツチに関するエピソードからは、火に対する古代人の信仰を見出すこともできる。

前述したように、カグツチの死によって、人間の生産活動に関わる多くの神々が生まれた。火が文明の発展に欠かせないという認識があったからこそ、そうした記述ができたのだろう。一方で、火は扱い方を誤ると、財産や生命を簡単に焼き払ってしまう。こうした創造と破壊の二面性を持った火を、古代の人々は神の力として崇《あが》め奉《たてまつ》った。台所に「カマド神」を祀る習慣が近代まで残っていたのも、火に対する畏怖心が影響していると考えられる。

カマド神はカグツチの化身とも言われており、中々の荒神である。正しく祀れば台所の火事から守ってくれるが、粗末に扱われると家と家主を激しく祟る性質を持つと考えられた。火に唾を吐いたり、カマドに腰掛けたりするなどの不潔な行為を繰り返すと、家を丸焼きにして残った一家を祟ると言われた。まさに火の恐ろしさを体現する荒々しさである。

そんな荒っぽい神は、江戸時代になると庶民にとって非常に身近な存在になっていた。カグツチを祭神として祀る秋葉《あきは》神社や愛宕《あたご》神社は、火難《かなん》の神として尊ばれて全国に拡大。とくに木造家屋が密集する都市部で信仰を集めた他、焼き物の各産地にある陶器神社でも、焼き物の神として崇められた。火への恐れと敬意は、昔から変わっていないようだ。

3・死の神イザナミに象徴される出産への恐れ

妻を取り戻すために黄泉国へ

イザナギとともに日本の国土や多くの神々を生み出した女神イザナミは、地上で初めて死を迎えた存在でもある。

妻を焼き殺された夫のイザナギは嘆き悲しみ、カグツチを斬り殺すと黄泉国《よみのくに》へと向かった。死者の世界からイザナミを連れ戻すためだ。黄泉国は地上と地続きになっていたため、イザナギは境界線の黄泉比良坂《よもつひらさか》を抜けて、神殿でイザナミに会うことができた。しかし問題は、食べたら二度と生者の世界には戻れなくなる黄泉国の食べ物を、イザナミが口にしていたことだ。

「私はもう黄泉の釜で煮たものを食べたので帰れません。ですが本当に戻れないのかを黄泉の神に相談してみます。許しが出るまでは決して私を見ないでください」

イザナミから神殿の扉越しにそう言われたイザナギだったが、待ちきれなくなって

島根県松江市東出雲町にある、黄泉比良坂があったという伝承の地（Nobuyuki Kondo/CC BY 2.0）

神殿の扉を開けてしまう。そしてその先で見たのは、醜く腐って全身にウジ虫がたかり、体中に雷神をまとって腐乱死体のようになったイザナミの姿だった。

逃げ出す夫と追いかける妻

妻を見たイザナギは、一目散に逃げ出した。この仕打ちにイザナミは激怒。黄泉の醜女《しこめ》を呼び出してイザナギを捕らえようとした。

字のイメージからは想像しにくいが、醜女はただ醜いだけでなく、恐ろしい力を持った鬼である。捕まったらひとたまりもない。そんな醜女を相手に、イザナギは髪飾りや櫛《くし》を投げつけた。すると、それらはブドウやタケノコに変わって醜女の注意を引きつけた。食事に夢中な醜女に苛立ったイザナミは、雷神たちに追跡するよう命令した。この雷神も、落雷や火災の恐怖を象徴する強力な悪鬼。八種の雷神たちに1500人の軍勢も付き従った。

イザナギは十束剣《とつかのつるぎ》を抜いて全速力で逃げ、ようやく黄泉比良坂にたどり着くと、たまたま生《な》っていた桃を投げつけ目前の軍勢を撃退。イザナミ本人が背後に迫っていたが、イザナギは1000人でようやく動かせる千引岩《ちびきのいわ》を持ち上げると、間一髪のところで黄泉への入口を塞いだ。

「あなたの国の人々を1日1000人殺しましょう」

イザナミはそう宣告するが、イザナギは「なら私は1日に1500人分の産屋を立てる」と言い返して、その場を去った。

こうして人間は、黄泉の呪いで死を植え付けられた。そして、イザナミは黄泉国の支配者・黄泉津大神《よもつおおかみ》になったという。

女性神が黄泉国の支配者になった理由

地上を創った神であるイザナミが死の起源神として扱われているのはなぜなのだろ

う？

一つには、生と死が循環すると考える、古代人の心性が影響しているのだろう。この世に生まれた生き物は、いつか必ず死ぬ。幼児の死亡率が高く、寿命が短かった古代では、現代よりも死はもっと身近で、生きること自体が神秘だとみなされていた。子どもを神聖視する価値観が江戸時代まで根強かったのも、こうした切実な理由があったからだろう。誕生と死は近しいものとされていたことから、創造神イザナミに死後の穢《けが》れが組み合わさったと考えられる。

ではなぜ、創造神のうち、イザナギは地上に残り、イザナミだけが死後の神になったのだろうか？　それは女性の出産が生と死、どちらにも密接な関係を持つからだと考えられる。

無事に子どもが生まれることもあれば、出産に難儀して母子ともに死を迎えることもある。イザナミ自身、出産が原因で命を落としているくらいだ。つまり子どもを産むことは、死と隣り合わせの危険な行為。そんな危険に関わるからこそ、女性であるイザナミは、死の神になったと考えられる。

4・政治的な理由でスサノオは悪の神になった？

悪の根源とされた神話の大英雄

黄泉国《よみのくに》から逃げ帰ったイザナギは、川で身を清めてすぐに死の穢れを払おうとした。この過程でアマテラスやツクヨミとともに生まれたのが、スサノオである。この三柱は特に貴い存在だとされ、「記紀《きき》」には「三貴子《さんきし》」と記されている。

スサノオは、漢字で書くと「健速須佐之男命《たけはやすさのおのみこと》」となる。健速は勇猛で素早いことを意味し、スサは荒れ狂うという意味がある。その名のとおり、スサノオは横暴な性格で、神の世界を困らせる問題児でもあった。

その横暴な性格がきっかけで天上界から追放され、地上での生活を余儀なくされるのだが、地上に追放されてからは次第に態度を改め、いつしか地上を支配する神へと変化している。いわば悪神から善神へと変化しているのだ。なぜこのような描かれ方をしているのか？　この問いを読み解くことで、古代人の価値観が明らかになってくる。

スサノオ（左）とアマテラス（右）。高天原にやってきたスサノオに対し、アマテラスは警戒して武装し、すぐに立ち去るように警告した

最高神すら見捨てる悪事

スサノオは、イザナギに命じられて海を治める神になっていた。だが、困ったことに母イザナミを恋しく思い、役目を投げ出して毎日のように泣き喚《わめ》いていた。泣き声はあまりにも凄まじく、海は干上がり、山のあらゆる木々が枯れ、ついには悪神までもが湧き出して地上に災害が吹き荒れた。イザナギもとうとう匙《さじ》を投げ、スサノオの「神《かむ》やらい（追放）」を決断する。

追放されたスサノオは、母に会うため黄泉国へと向かい始めた。その道中で立ち寄ったのが、姉のアマテラスが治める天上界・高天《たかまが》原《はら》だ。

スサノオからすれば、姉へ挨拶をしようと思っただけだったのかもしれない。しかし、アマテラスはスサノオが高天原を侵略しにきたと早合点し、弓矢を向けて立ち去るように警告した。まるで、スサノオを災厄そのもののように扱う態度である。

スサノオはなんとか心の清らかさを示し、高天原への立ち入りを許されたのだが、姉の危惧したとおり、横暴な行動を繰り返すことになる。田を荒らし、水路を埋め、秋の収穫物を供える神殿に糞を撒《ま》き散らしたのだ。当然、神々の不満は募ったが、アマテラスは弟に疑いの目を向けた後ろめたさがあったのか、強硬な対応をすることができなかった。

そうこうしているうちにスサノオの横暴ぶりはエスカレートし、ある事件を引き起こした。機織《はたお》り娘が神の衣を織っていたときのことである。スサノオは織屋の屋根に穴を開け、全身の皮が剥がれた馬を放り投げた。すると仰天した機織り娘は飛び上がり、杼《ひ》（横糸を通す道具）が体に刺さって死亡したのだ。結果、アマテラスは天岩戸《あまのいわと》に閉じこもり、世界が闇に包まれてしまった。

この騒動は八百万《やおよろず》の神々の努力で解決したが、スサノオに対する神々の怒りはすさまじかった。神々はスサノオに髪や爪を抜くという拷問を加え、神の世界から追放し

戦前の教科書に載せられていた、スサノオのヤマタノオロチ退治神話の挿絵
(『歴史修身談 第1巻』国会図書館所蔵)

たのだ。

天上の神から手ひどい仕打ちをうけて地上へ向かうことになったスサノオ。しかし、横暴はこれでも止まなかった。地上へ向かう道中で空腹になったスサノオは、たまたま出会った食べ物の神・大気都比売神《おおげつひめ》(以下オオゲツヒメ)に食料を求めた。そこでオオゲツヒメは鼻、口、尻から食材を出して料理を供したが、この様子を見たスサノオは激怒。そんな汚いものを食べさせるのかと、オオゲツヒメを斬り殺したのである。

悪神が善神に改心した理由

ところが、地上に降りてからは一転して英雄的な活躍が目立つようになる。

ヤマタノオロチを倒してクシナダヒメを助けると、彼女と結婚して根の国《ねのくに》（地下世界、もしくは黄泉国）の宮殿で数多の神を生み、地上の神の長として君臨。結婚の際には日本で初めて和歌を作っている。

前述したオオゲツヒメの殺害に関しても、重要なのは神を殺したという点ではなく、死んだ神のその後である。オオゲツヒメの死体のうち、頭からは蚕《かいこ》が、目からは稲が、耳から粟が、鼻から小豆が、陰部から麦が、尻から大豆が生まれた。これらの穀物を神産巣日神《かみむすびのかみ》が取ってこさせて種にしたことから、農業と養蚕が始まったという。裏を返せば、スサノオは人間が生きるうえで欠かせない食に関わるほどの、重要な神だともいえるわけだ。

物語を盛り上げるための演出にも見えるが、それならなぜ、天上界では悪行をつくした存在として描かれたのだろうか？　考えられるのは、当時の自然観の影響だ。古代においては、自然災害や疫病は、悪霊の仕業だと考えられていた。しかし悪霊がもたらすのは、それだけではない。古代の人々にとっては、犯罪行為も悪霊の仕業である。それらはいわば穢れであり、清めの対象でもある。つまり、災いをもたらすスサノオは、追放されたことで浄化され、善神に清められたとも解釈できるわけだ。

スサノオから見るヤマト王権と出雲勢力の関係

また、スサノオのエピソードには、当時の政治状況が反映されているという解釈もある。スサノオが活躍する出雲の地は、現実の世界でも大きな勢力を有していた。その力はヤマト王権に匹敵するほどで、独自の政治体制、信仰体系を持っていたと考えられる。結局、出雲勢力はヤマト王権に屈したようだが、その力は無視できないほど大きかったようだ。

スサノオは、そんな出雲の祖先神だったのではないかとも考えられている。出雲勢力はヤマト勢力に敗れたが、強大な政治勢力を無視することはできなかった。そのため、スサノオを皇室の神話に吸収し、地上での活躍を強調した、というわけだ。

確かに、スサノオを最高神アマテラスとともに三貴子として遇し、地上における活躍を描くことは、出雲の反感を抑えるのに役立っただろう。天上の神々がスサノオを罰する物語にしても、ヤマトと出雲の力関係を表しているとも解釈できる。

何気ない物語だが、その背景には現代人とは異なる古代人の考え方や、熾烈《しれつ》な政治的抗争の過去が、隠されているのかもしれない。

5・怒らせると最大級の災厄をもたらす最高神

岩戸に引きこもった太陽の神

乱暴狼藉をはたらくスサノオに失望して天岩戸に引きこもったアマテラス。太陽神が姿を隠したことで、世界から光が失われてしまった。この事態に危機感を抱いた神々が世界を元に戻すため、天岩戸の前で宴を開いてアマテラスをおびき出す。これが天岩戸神話の大略である。

日本神話のなかでも特に有名なエピソードだが、アマテラスが引きこもっている間、世界には数多の災厄が吹き荒れていたという記述は、重要な意味を持つ。生命を繁栄させる太陽がなくなると、どうなるのか。そうした恐怖心が、この神話には表れているのである。

天岩戸神話を描いた錦絵。アマテラスが姿を隠したことで、世界は疫病や災害に襲われた

滅亡寸前となった天と地上

太陽がこの世から消えることは、最高神の加護が消滅し、ありとあらゆる災厄が世界中を襲うことを意味する。地上だけでなく高天原《たかまがはら》にまで魑魅魍魎《ちみもうりょう》が幅を利かせ、ハエの羽音のようなおぞましい声が天地に響いたかと思えば、疫病が蔓延し、津波が起き、大台風が吹き荒れた。スサノオが母恋しさに泣き喚《わめ》いたときにも地上で災害が頻発したが、アマテラスがもたらした災いは、天上までをも覆いつくした。

世界を救うには、アマテラスを岩戸から出すしかない。そこで集まった神々は協議し、知恵の神である思金神《おもいかねのかみ》の発案によって、岩戸の前で宴を開くことにした。芸能の女神である天宇受売命《あめのうずめ》が桶の上に乗り、乳房を露出させ、着物の帯を股間まで垂らして女性器を晒すストリップショーのような踊りを始めたのだ。

結果的に、この企ては成功した。不思議に思ったアマテラスが岩屋の戸を開くと、神々は隙をついて彼女を外に引っ張り出し、天岩戸を注連縄《しめなわ》で封印。太陽は復活して世界は滅亡の危機を脱したのである。

この神話からは、アマテラスが祟り神に転じるとどうなるか、わかりやすく描かれている。古代人は恵みをもたらす太陽がなくなることに恐怖し、最高神を怒らせることに不安を抱いていた。その怒りが祟りとなって大きな災いをもたらすと信じられていたのである。

恐るべき最高神の祟り

同じように、日本神話には他にもアマテラスの祟りを畏怖する描写がある。

初めて日本全土を治めたという10代崇神《すじん》天皇の時代に、疫病や反乱が全国で多発したことがあった。その災厄はとどまるところを知らず、「記紀」によれば日本の人口の半分が死亡し、国の体制すら大きく揺らいだという。

『古事記』には、この災いは大物主大神《おおものぬしのおおかみ》が引き起こしたものであり、この神を祀ると立ちどころに災厄は治まったと書かれている。一方、『日本書紀』では、二柱の神の対立が祟りを引き起こしたとある。その一柱がアマテラスである。

このとき宮中では、倭大国魂神《やまとのおおくにたまのかみ》という神とアマテラスが同時に祀られていたが、それを不服とした二柱の諍《いさか》いによって、国中が祟られたと占いで告げられたのだ。これによってアマテラスは別の場所で祀られることが決まり、笠縫邑《かさぬいむら》という地に遷《うつ》された。その後もアマテラスは移動させられたが、11代垂仁《すいにん》天皇の皇女である倭姫命《やまとひめのみこと》が伊勢国に遷したことでようやく落ち着いた。その際に建てられたのが現在の伊勢神宮である。

しかし、それからもアマテラスの祟りとされる災難は幾度か起こっている。868年にも、清和《せいわ》天皇が謎の体調不良に襲われているが、原因は雑に祀られたアマテラスによる祟りだと見られた。

このような祟りからは、無礼者に容赦しないアマテラスの冷徹な一面が見て取れる。太陽とは眩く神々しいだけでなく、時には猛暑や干ばつで地上を苦しめる。古代の人々が、太陽神は破滅をもたらす荒ぶる神だと恐れていたとしても、不思議ではない。

6・夫に疑われて火中で出産した天孫の妻

神を一目ぼれさせた絶世の美女

多神教の神話では、嫉妬や疑惑に関するエピソードがたびたび現れる。ギリシャ神話では、ゼウスの妻ヘラが嫉妬深さで騒動を引き起こす話が少なくないし、日本神話でも、痴情のもつれが原因で事件が起こるケースは珍しくない。

そんなとき、疑われた側はどう対応したのか？　ゼウスのように懲《こ》りずに浮気を繰り返す神もいるが、日本神話に登場するある神は、浮気の疑惑をかけられたときにとんでもない方法で無実を証明した。その神は、アマテラスの孫・瓊瓊杵尊《ににぎのみこと》（以下ニニギ）と結婚した、木花之佐久夜毘売《このはなのさくやびめ》（以下コノハナサクヤビメ）である。

コノハナサクヤビメは、日本の全ての山々を統括する大山津見神《おおやまつみ》（以下オオヤマツミ）の娘である。その姿は大変美しく、夫婦になれば花が咲き誇るような繁栄が約束されていたという。

身の潔白を証明するため火中で出産するコノハナサクヤビメ（『地神五代記』国会図書館所蔵）

アマテラスの命を受けて日向（宮崎県）に降りたニニギは、コノハナサクヤビメに出会って恋に落ちた。そして、オオヤマツミから姉の石長比売《いわながひめ》（以下イワナガヒメ）も一緒に娶《めと》ることを条件として、ニニギは結婚を許されている（ただ、イワナガヒメは妹とは対照的な醜女《しこめ》だったので、結婚後すぐに送り返されている）。

やがてコノハナサクヤビメは子どもを身ごもることになるが、ニニギは妻の妊娠を知っても喜ばなかった。結婚して間もなかったことから、自分の子どもだとは信じられなかったのだ。

「どうせ国津神《くにつかみ》（地上の神）の誰かと作った子どもだろう」

そんな疑いの目を向けられたコノハナサクヤビメは、身の潔白を証明するために産屋に閉じこもった。そして戸口を土で塞ぐと、産屋に火を放って出産を強行したのだ。わが子が国津神《くにつかみ》との子であれば無事では済まないが、天津神《あまつかみ》の子であれば無事に生まれてくるはずだ、というわけである。

炎に包まれた産屋はやがて焼け落ちた。焼け跡でニニギが見たのは、無事に生き残った妻と子どもの姿だった。しかも、炎が一番激しかったときに二柱、勢いが衰えてきたときにもう一柱と、コノハナサクヤビメはあわせて三柱の子どもを産んでいた。こうしてコノハナサクヤビメは焼死の危険を顧みずに不貞の疑惑を晴らしたのである。

そして、のちに富士山にある浅間大社《せいげんたいしゃ》の祭神となり、現在にいたるまで信仰の対象になっている。父親が山の神だという点から、信仰の対象になっていったのだろう。

火中における出産の意味

火中における出産というモチーフには、安産への強い思いが込められている、という考えがある。衛生環境が整っている現在とは違い、1000年以上前の日本では、出産時に母子が死亡することが珍しくなかった。無事に生まれ、育ってほしいという思いが強かったからこそ、可憐なコノハナサクヤビメに、火中での出産という逆境を乗り越えさせるエピソードが生まれたのかもしれない。

しかし一方で、こんな風に解釈することもできる。無実を証明するためには、火中での出産という危険を冒さなければ人々は納得しなかった。すなわち、死の危険も顧みない行動をとらなければ、古代の人々には信用してもらえなかった。そんな恐ろしい推測も可能である。

余談だが、コノハナサクヤビメとニニギの結婚を、政治的な文脈で読み解く研究者もいる。コノハナサクヤビメには、神阿多都比売《かむあたつひめ》という別名がある。「アタ」は、九州南部を支配した異民族隼人《はやと》の本拠地「阿多」と同じ読みだ。そのため、元々は九州の豪族が信仰していた神だったという説もある。それが事実であれば、九州での神と天皇家の祖先神との結婚を神話に盛り込むことで、ヤマト王権が九州の勢力へ配慮を示した、と考えることも可能である。

7・正妻の嫉妬で離縁されたオオクニヌシの妻

因幡の白兎神話

日本神話の神々は、ときには人間以上に感情を露《あら》わにする。約束をやぶったイザナギに怒り狂うイザナミ、スサノオの乱暴狼藉に困惑して岩戸に閉じこもるアマテラス……。さらには男女問題で嫉妬にかられ、幾度も死の憂き目に遭った神もいる。それが、出雲地方を代表する国津神オオクニヌシである。

オオクニヌシが兄たち（八十神《やそがみ》）の荷物持ちとして、因幡国《いなばのくに》に出向いたときのこと。兄たちは因幡国に美しい女神がいると聞いて、求婚するための旅に出ていた。その道中、一行は気多岬《けたのみさき》で怪我をしたウサギに遭遇した。事情を聞くと、向こう岸に行くためワニ（サメに相当する生きものだと考えられている）を騙して橋にしたとき、途中で嘘がバレて皮を剥がされたのだという。

兄神たちは面白がり、海水に浸れば治ると嘘を教え、ウサギが苦しむ姿を見て楽し

ワニをだまして向う岸に渡ろうとしたウサギ。皮を剥がれて苦しんでいたところを、オオクニヌシに助けられた（『神代正語常磐草』国会図書館所蔵）

んだ。しかしオオクニヌシだけはウサギを哀れみ、正しい治療法を教えて怪我を治してあげた。

これにウサギはひどく感激し、「八上《やがみ》比売《ひめ》（以下ヤガミヒメ）が選ぶのは貴方様でしょう」と予言した。このヤガミヒメこそ、兄神たちが求めていた美しい女神である。因幡国に着くと、ウサギが言った通りにヤガミヒメは八十神の求婚を断り、オオクニヌシとの婚約を宣言した。

何度も殺されるオオクニヌシ

当然、末弟にいいところをとられた兄神たちは、オオクニヌシに恨みを募らせた。ヤガミヒメにフラれた八十神は、オオクニヌシを逆恨みして火で焼いた岩で焼き、殺害してしまったのだ。ヤガミヒメの助けを経てよみがえったオオクニヌシだったが、またしても八十神の計略にかかり、今度は大木に挟まれて命を落としている。

これではらちがあかないと思ったのだろうか。オオクニヌシは再びよみがえると、今度は母神の助言で逃亡を図り、根の国へと到着した。そして、かの地で力を蓄えて地上に戻ると、八十神を退治して出雲国の支配者になっている。

正妻の座を奪われたヤガミヒメ

だが、話はめでたしめでたしでは終わらない。

オオクニヌシが根の国へ行っている間、妻であるヤガミヒメは地上に残され、夫の帰りをひたすら待った。やがてヤガミヒメは帰還したオオクニヌシに出雲の宮殿へと迎えられるのだが、そこで見たのは正妻として夫の隣に立つ別の女神だった。

女神は、根の国を支配するスサノオの娘・須勢理毘売命《すせりびめ》（以下スセリビメ）だ。根の国で出会ったオオクニヌシとスセリビメは瞬く間に恋に落ち、夫婦となっていたのだ。

ヤガミヒメもオオクニヌシの子どもを出産したが、正妻はあくまでスセリビメである。しかもスセリビメは非常に嫉妬深く、父親譲りの荒々しい気性で、スサノオの呪力を封じられるほどの神通力も持っていた。

ヤガミヒメはスセリビメの激しい嫉妬を向けられて、日常的に嫌がらせを受けた。結果、あまりにも苛烈な嫉妬に耐えられず、ついにヤガミヒメは子どもを置いて逃げ出してしまった。

置き去りにされた子どもがどうなったかは記されていない。子どもは木の股に捨てられたことから木俣神《きのまたのかみ》と名付けられ、水や木の神として信仰されるようになった。また、木俣神には御井神《みいのかみ》という別名があることから、三井寺《みいでら》の名の由来になった、との説もある。母には相手にされなかったが、日本神話から離れたところで信仰を集めるようになったようだ。

ちなみに、オオクニヌシはヤガミヒメが去ったあとも、何人もの妻を娶《めと》ってスセリビメを困らせている。奔放な男に惹かれると、ろくなことはないらしい。

8・捨てられた恨みで人を短命にしたイワナガヒメ

醜女を追い返したアマテラスの孫

人間が死を迎えるのはなぜか？　日本神話では、イザナミの呪いによるものだと説明している。だが、寿命自体は現在よりももっと長かったと語られている。にもかかわらず人間が短命となったのは、イワナガヒメの怨念によるものだ。

イワナガヒメは山神オオヤマツミの長女で、コノハナサクヤビメの姉にあたる岩の女神である。アマテラスの孫ニニギの妻となるはずの神だった。

ニニギがコノハナサクヤビメとの結婚の許しをもらいにきたとき、オオヤマツミはイワナガヒメも一緒に妻とすることを条件にした。しかし妹とは似ても似つかぬ醜女だった。

岩の女神であるイワナガヒメは美しさとは無縁であり、容貌は岩のようで、性格も愛嬌がなくて暗かった。花のように美しく、性格も穏やかで芯の強い妹とは、何もか

伊豆半島の南西にある烏帽子山（左）。イワナガヒメを祀る雲見浅間神社がある（Alpsdake/CC BY-SA 4.0）

もが正反対だったのだ。

　ニニギは、二人の女神と結婚をすると決めた。この決断に満足したオオヤマツミは娘たちを宮殿に向かわせたのだが、ニニギの発言は真っ赤な嘘だった。ニニギは妹だけを快く迎え入れて、姉を即座に追い返してしまったのだ。このとき、コノハナサクヤビメが姉の扱いをニニギに意見したという記述はなく、結局は妹だけがニニギと婚姻を結んでいる。

　これを知ったオオヤマツミは、「御子の命は花のように短くなるだろう」と言い、ニニギに失望したと『古事記』には記されている。

　オオヤマツミがイワナガヒメも娶らせようとしたのは、子どもの結婚先を心配したからではない。ニニギの子孫の繁栄を願っていたからこそ、イワナガヒメを娶らせようとしたのである。

岩は無骨で美しくはないが、強固で永い期間不変である。その象徴であるイワナガヒメには、長寿をもたらす御利益があった。もしニニギがオオヤマツミの娘たちと結婚していれば、妹の力によって子孫は花のように繁栄し、姉の力で一族は岩のように永久不滅の寿命を得られるはずだった。ところがニニギが美醜で結婚相手を選んだ結果、永遠の繁栄を得られるチャンスをふいにしてしまったのである。

人の寿命を決めたイワナガヒメの呪い

しかし『日本書紀』では少々記述が異なっている。追い返されたイワナガヒメは嘆き悲しみ、やがてニニギに唾を吐きかけこう言った。

「私を選ばなかったせいで、この世に生きる民草はみな木の花のごとく儚《はかな》く散ることになるぞ」

日本神話の神は様々な恵みをもたらす一方で、怒りに触れると恐ろしい祟りを引き起こす。神の力が強いほどに祟りもまた強力になる。長寿を司るイワナガヒメを激怒させたせいで、寿命に関する呪いが子孫や治める国の人々にかけられたわけである。

イワナガヒメが醜い容姿だとして広まったのは、信仰民間の山神信仰が影響しているという指摘もある。山神は、自分より美しい女が山に入ると嫉妬して祟りを起こす女の神である。つまり、父が山神で容姿が醜く嫉妬深いという、イワナガヒメに共通する特徴を持っているのだ。

こうした類似点が多々あることから、民間信仰の山神は、イワナガヒメ信仰と習合したものか、イワナガヒメの方が山神信仰に影響を受けて、醜く性悪な女神になったとされている。

イワナガヒメは現在、長寿や縁結び、縁切りなどの神として信仰を集めている。京都市の貴船《きふね》神社には、縁結びに霊験があるとして女性に人気を集める結社《ゆいのやしろ》があるし、宮崎県西都市にある銀鏡《しろみ》神社には、彼女が使った伝説のある鏡が御神体として安置されている。縁結びと縁切りのどちらも司っているというのは、恐ろしいことではあるが。

9・実は残酷な海幸彦と山幸彦の伝説

海幸彦は意地悪な兄だったのか

意地悪な兄を、心優しい弟が海神の力を借りて懲らしめる。それが、絵本で親しまれてきた海幸彦《うみさちひこ》・山幸彦《やまさちひこ》兄弟の神話だ。兄の正式な名は火照命《ほでりのみこと》といい、漁が得意なことから海幸彦と呼ばれていた。弟は火遠理《ほおり》命といい、山で狩りをしていたことから山幸彦と呼ばれた。二人とも、天孫ニニギの子どもである。

絵本では、「ケンカをしてもお互いを許し合う心が大切だ」というメッセージを子どもに伝えているが、『古事記』で語られる伝承は、そんな兄弟愛とはかけ離れた理不尽な内容となっている。

問題は、山幸彦の再三の希望が叶い、兄弟が互いの仕事道具を交換したのちに生じた。兄の釣り道具を持って海に出かけた山幸彦が、釣り針を海に落としてしまったのだ。海幸彦に謝罪した山幸彦だったが、兄は許さなかった。山幸彦が自身の剣を鋳潰《いつぶ》し、千本の釣り針を作って弁償を申し出ても、兄は受け取りを拒否。山幸彦を責め続け、「とにかく元の釣り針を返せ」の一点張りだった。

海幸彦と山幸彦。海幸彦は悪者として描かれている（『やさしい古事記』国会図書館所蔵）

たかが釣り針1本で怒り、無理難題をふっかける海幸彦。「心が狭い」「意固地」と思う人も多いだろう。だが、この頑なな態度には理由があった。海幸彦にとって釣り針は、命にもかえがたいものだったのだ。

兄弟の名に見える「幸」の字には、「幸魂《さきみたま》」の意味がある。幸魂とは幸福や収穫をもたらす恵みの魂で、それは道具にも宿る。そうなると、山幸彦は海幸彦の幸魂が宿った釣り針を紛失したことを意味する。別の釣り針で弁償されても、そこに幸魂が宿っていなければ道具として役に立たないのだから、海幸彦が弟を許せないのも無理はない。

踏んだり蹴ったりの海幸彦

さて、兄に非難された山幸彦が海辺で泣いていると、潮流の神である塩椎神《しおつち》が現れた。釣り針探しに協力してくれるという。

そのために塩椎神は、山幸彦を海底にある大綿津見神《おおわたつみ》（以下オオワタツミ）の宮殿へ案内した。海の神の協力があれば、すぐさま目当ての釣り針が見つかるかもしれない、というわけだ。

だが、山幸彦はすぐに釣り針を見つけることができなかった。というより、オオワタツミの娘・豊玉毘売命《とよたまびめ》（以下トヨタマビメ）と恋に落ち、結婚して釣り針探しをすっかり忘れてしまっていた。それでも、甘い生活を送ること3年が過ぎたころにようやく釣り針を発見し、海幸彦のもとへと返している。

こうしてようやく釣り針を取り戻した海幸彦だったが、ここから海幸彦の転落が始まる。

海幸彦はなぜか心がすさみ、所有する田は不作続き。実は海幸彦は、釣り針を返される際、山幸彦から「この釣り針はすさんだ釣り針、貧しい釣り針、愚かな釣り針」と不穏な言葉を浴びせられていた。これは、山幸彦が自分を困らせた兄を罰するためにオオワタツミから伝えられた呪詛《じゅそ》である。

当然、海幸彦は怒り心頭に発した。そしてすぐさま弟を攻撃したが、待ち受けていたのは弟の容赦ない反撃であった。

オオワタツミに与えられた「潮満珠《しおみつたま》」を山幸彦が用いると、水に浸かった兄の周りにたちまち潮が満ちて、海幸彦を溺れさせた。手も足も出せなかった海幸彦が降伏を申し出ると、山幸彦は「潮涸珠《しおふるたま》」を用い、満ちていた潮を一斉に引かせた。これにより、海幸彦は一命を取りとめることができたのだったが、今後は山幸彦の配下として仕えることを誓わされ、その際には土下座までしたという。弟は兄を完膚なきまでに叩きのめしたうえで、徹底服従させたのである。

海幸彦・山幸彦伝説の背景

子ども向けの物語と比べるとずいぶん残酷な結末だが、なぜ海幸彦はここまで貶《おとし》められなければならなかったのか？　その答えは、山幸彦の血統を知ればおのずとわかってくる。

山幸彦こと火遠理命は、初代・神武《じんむ》天皇の祖父にあたる神である。一方の海幸彦は、『古事記』では「隼人《はやと》の祖」と記されている。隼人とは南九州一帯を本拠地とした海洋民族を指す。隼人は8世紀前半には朝廷に制圧されているが、しばしば中央政権にも刃を向けるほど強い勢力を誇っていた。

山幸彦による海幸彦の成敗には、そんなヤマト王権が隼人を支配下に置いた歴史的事実を反映していると推測することができる。

その推測が多少なりとも正しければ、どうだろうか。勝者であるヤマト王権にとっては都合がいいし、敗者である隼人にしても、生き残るためには有効である。海幸彦を溺れさせ、弱点や惨めさを演出することは、「子孫である隼人は、決して朝廷に逆らわない」という意思を示すことになるからだ。実際、古《いにしえ》より宮中では「隼人舞」と呼ばれる踊りが奉納されていたが、これは海幸彦が海で溺れる様子をモチーフにしたもので、隼人の従属を再確認するための儀式であったと伝えられている。天皇家の権威と力を誇示するためには、海幸彦を徹底して打ち負かす必要があったのである。

ただし、朝廷は隼人の存在を軽んじていたわけではない。呪術集団でもあった隼人は、朝廷を悪霊から守護する役職を与えられており、皇居の警護も担っていた。『古事記』では「隼人の祖神と天皇家は元々兄弟であった」と一定の敬意を払うなど、ムチだけでなくアメを与えることも忘れていない。これも隼人側からみれば、朝廷内での立場を保証する重要な伝承であったと言える。

ところで、海幸彦を打ちのめした潮満珠・潮涸珠だが、これらはどのような宝珠であったのだろう。

実は、宮崎県の鵜戸神宮《うどじんぐう》（日南市）には潮満珠・潮涸珠と伝えられる宝珠が保管されている。宝珠がいつから神社に存在していたかは不明だが、潮満珠は丸い水晶型、潮涸珠は大きさの異なる円柱を4段重ねた形で、それぞれ約5～7センチメートルの大きさである。２０１２年には古事記編纂１３００年を記念し、戦後初めて一般公開された。

日向灘《ひゅうがなだ》に面し、嵐に見舞われる危険もある鵜戸神宮だが、過去に大きな津波の被害がなかったというから、これも海神のご利益かもしれない。

10・子どもを残して姿を消したトヨタマビメ

ワニの姿をした女神

世界各地の神話における神々は、基本的に人間と同じ姿であることが多い。人間は神に似せてつくられたり、神の末裔だと位置づけられたりしているので、姿かたちが似通っていても不思議ではない。それに人と姿が似ていれば、親しみやすさが生まれて信仰が集まりやすくなるとも言える。

だが似ているのは外見だけで、正体は別の生き物である神もまた存在する。山幸彦の妻となったトヨタマビメがいい例だ。

トヨタマビメは、海の神オオワタツミの娘である。ニニギ直系の子孫とも関係を持ち、のちに初代天皇である神武天皇の祖母になる、日本神話後期における重要な女神である。

そんなトヨタマビメが日本神話に登場するのは、山幸彦が釣り針を探しに海神の宮に行くエピソードにおいてである。

オオワタツミの宮殿に到着した山幸彦がトヨタマビメと面会すると、彼女は凛々しい山幸彦の姿にたちまち虜になってしまった。オオワタツミも「天津日高《あまつひこ》の御子、虚《そ》空《ら》津日高《つひこ》（日を仰ぐように尊き者）だ」と山幸彦を気に入り、トヨタマビメと結婚させた。

山幸彦の妻となるトヨタマビメ

ここで終わればハッピーエンドなのだが、山幸彦とトヨタマビメの話の結末は、悲恋で終わる。

地上に戻った山幸彦が海幸彦との争いに勝ったころ、トヨタマビメは海からやってきて、山幸彦に懐妊していることを告げた。地上で出産する決心をしていたトヨタマビメは自ら建てた産屋にこもるのだが、このとき山幸彦に「絶対に中を見ないでほしい」と忠告していた。夫がこの忠告を受け入れると、彼女は産屋での出産に挑んでいる。

ところが山幸彦は好奇心に負けてしまう。妻の忠告を無視して、天井から中を覗いてしまったのだ。すると、産屋にいたのは美しい妻ではなく、出産に苦しむ巨大なワニだった。つまりトヨタマビメの正体は、人に変化したワニの神だったのだ。

初代天皇の母もワニ？

日本神話に登場するワニは、爬虫類の「鰐」ではなく、サメの一種だと考えられている。一説には、サメの名前は刀剣を表す「サヒ」が由来であり、海の神霊と地上の人を結びつける強大な力を秘めていると信じられていたようだ。確かに、海神の娘であるトヨタマビメが、海の神獣であるサメの化身だったとしても、おかしくはない。

ただ、サメにしろワニにしろ、妻の正体を知った山幸彦のショックは大きかった。山幸彦が悲鳴を上げて逃げ出してしまうと、トヨタマビメは全てを知られたことを悟った。そして出産を終えると、子どもを置いて父の元に帰り、その後夫婦が会うことは二度となかったのである。

このような、配偶者が人ではなかったことで破局する話は、世界中に存在する。たとえば、ミャンマーのメン・ユオ王伝説も、竜の娘が人の夫に正体を知られて子どもを置いて去っていくという話であり、西洋にも動物と結ばれる話はごまんとある。

このような逸話には、どんな意味があるのだろうか？　有力なのは、コミュニティ外の人間との結婚を表しているという説だ。

別部族と結婚すると、どうしても習慣の違いなどが問題となる。慣れない風習が原因で結婚生活が破綻するケースもあっただろう。そうした経験が脚色されて各地の伝承となり、地元神話に影響を与えた可能性が考えられる。

なお、トヨタマビメは海に帰っても子どもを忘れられず、妹のタマヨリビメを養育係として地上に送っている。妹もワニのはずだが、地上で拒絶されたという記述はなく、それどころか、育て上げた姉の息子と結婚して、三人の子宝に恵まれていた。その末子こそが、ヤマト王権を築いたとして記録される、初代・神武天皇なのである。

11・流行り病で人々を殺した牛頭天王

一体化された疫病神

日本には、複数の名や御利益を持つ神が多い。理由の一つは、元は複数だった神が習合して一つの神になったからである。

かつては小さな村が大きな勢力に吸収されると、村の神話や信仰されていた神は、新勢力の神話に組み込まれていった。そうして各地の信仰が統合されていった結果、「記紀」に記されるような神々としてまとめられたと考えられる。20種類以上の名を持つオオクニヌシは、そうした神々の習合を表す典型例だ。

多くの神々が習合すれば、それだけ力は強大になる。そのため似たような性格の神が習合することが少なくなかったが、中には人間に害を及ぼす、疫病の神々が習合することもあった。その神々というのが、スサノオと牛頭天王《ごずてんのう》である。

スサノオは前述したように、「記紀」において三貴子と記され、特別扱いされてい

疫病神としてスサノオを祀る八坂神社

た神だが、災厄の化身のような存在で、いわば疫病神としても描かれていた。

一方の牛頭天王は、釈迦が説法をした祇園精舎を守護する、インド由来の神だとされているが、朝鮮半島にある牛頭山の神だったとする説もある。大陸の仏教書にも登場せず、由来は詳しくわかっていない。要は日本の神ではなく、海外経由で伝わった蕃神《ばんしん》である。平安時代の京ではすでに疫病神として認知され、災いを起こす怨霊として恐れられていたようだ。その怒りを鎮めるために、祇園社で祀られていたという。

そんなスサノオ、牛頭天王は、鎌倉時代には同一の神とみなされていたようだ。正確に言えば、仏教の仏や道教の神など、さまざまな要素が習合して、疫病神として畏れられていた。

前述したように、神々が習合すれば、その力も大きくなる。鎌倉時代中期に成立した『釈日本紀《しゃくにほんぎ》』には、「備後国風土記」に記されたとする、次のようなエピソードがみえる。

かつて、巨旦将来《こたんしょうらい》という金持ちの屋敷に、旅人が訪ねてきた。旅人は武塔天神《むとうてんじん》と名乗って宿を求めたが、巨旦将来は相手が神だとは信じず、追い返してしまった。武塔天神は巨旦の兄、蘇民将来《そみんしょうらい》の家に一泊することはできたが、巨旦の無礼を忘れなかった。そして数年後に再び兄弟の村に降臨すると、蘇民の家には疫病除けの茅《ち》の輪《わ》を授けたが、巨旦を含む他の村民は疫病で皆殺しにしたのである。

この武塔天神がどのような神なのか、残念ながらよくわかっていない。だが、疫病の神であることから、牛頭天王・スサノオと同じ存在だとみなされて、逆らえば災厄をもたらすという考えは、すでにこの時代には広まっていたようだ。

神仏分離で切り離された二柱

しかし、そもそもそんな恐ろしい神を、なぜ人々は祀ったのだろうか？　一つには、強力な行疫神《ぎょうやくじん》を鎮魂することで、災厄の発生を防ごうとしたからだと考えられる。疫病は、古代の人々が最も畏怖した災厄の一つ。当時の衛生環境では、一度疫病が発生すると、村や周辺地域が全滅することも珍しくなかった。そのような破滅的な力を古代人は人知の及ばぬ力ととらえ、災いを運ぶ行疫神として恐れた。

一方で、正しく祀れば悪しき神でも御利益をもたらしてくれる、という考えもあったようだ。

村人を全滅させた「蘇民将来譚」の中でも、牛頭天王は自分を泊めた家だけは助けている。この時授けた茅の輪が、現在も全国の神社で行われる「茅の輪くぐり行事」の起源である。こうした目的で生まれた信仰が、現在の祇園信仰に繋がっているというわけだ。

災厄をもたらすのももたらさないのも、神の一存次第。それならば、気分を害するようなことをするより、楽しんでもらったほうがいいだろう。古代の人々が疫病神であっても蔑《ないがし》ろにしなかったのは、そんな風に考えていたからなのかもしれない。

12・恐怖の神話は世界各地の神話と共通する

見てはいけない

日本神話に登場する神々や人間、動物は、さまざまなタブーを犯している。タブーを犯すとどうなるのかといえば、たいがいはひどい目に遭っている。

たとえば、亡くなった妻イザナミを黄泉国へ迎えにいったイザナギは、イザナミの頼みを無視して逆上させ、逆に襲われてほうほうの体《てい》で逃げ帰っている。黄泉国の食べ物を口にしたから帰れないというイザナミを説得したはいいものの、「顔を見てはいけない」という言いつけをイザナギは破ってしまった。醜く腐った顔を見られたイザナミは激怒。鬼女を使って逃げるイザナギを追わせている。禁忌《きんき》を犯した者は、恐ろしい目に遭うのである。

こうした禁忌は、世界中の神話にも表現されている。人間が集団で生きる生物である以上、集団の秩序を守るために、タブーは必要とされてきた。

そうしたタブー以外にも、共通の記憶や各民族の価値観は、神話に反映されている。しかし不思議なことに、世界中の神話を日本神話と比較すると、各民族固有のエピソードがある一方で、偶然とは思えないほど多くの共通点も見つかっているのだ。

妻を救うために冥界にやってきた詩人オルフェウス（ジャン＝バティスト・カミーユ・コロー「黄泉の国からエウリュディケを連れ出すオルフェウス」）

代表的なものは、ギリシャ神話である。冥界にまつわる神話が、先に挙げた、黄泉国におけるイザナギとイザナミの逸話にそっくりなのだ。

そのあらすじは、以下のとおりである。

神の子であり吟遊詩人のオルフェウスは、ヘビに噛まれて命を落とした妻エウリュディケを連れ戻すため、冥界へ入った。冥界の支配者ハデスは妻を連れ戻したいというオルフェウスの願いを聞き入れるも、一つの条件を出した。それは、地上へ戻るまで、決してエウリュディケの姿を見てはいけない、というものだった。

条件を受け入れたオルフェウスは、エウリュディケを連れて冥界から地上へ上がろうとした。ただ、エウリュディケはオルフェウスの後ろを歩いているので、本当についてきているのかどうかがわからない。不安に駆られるオルフェウス。そして地上まであと少しというところでオルフェウスが振り返ってしまうと、その瞬間、エウリュディケは冥界へ吸い込まれてしまったのだった。

日本神話と細部は異なるものの、「死の世界から妻を取り戻そうとしたが、言いつけを守らなかったことで失敗した」という核の部分は同じである。イザナギもオルフェウスも、「見てはいけない」というタブーを犯し、目的を達成できなかったのだ。

火をめぐる日本神話とギリシャ神話

また、16〜19ページで紹介したとおり、イザナギとイザナミがヒルコを海に捨てたというエピソードと似たものも、ギリシャ神話や北欧神話には見られる。また、火の神カグツチの出産がきっかけで母イザナミが命を落とすというエピソードにも、筋は違うがギリシャ神話に似たエピソードがある。

この神話で悲惨な目に遭うのは、プロメテウスという神である。プロメテウスは火のない生活に苦しむ人間を憐れみ、天上の火を盗んで人類に与えた。それに最高神ゼウスは激怒。磔《はりつけ》にして肝臓を鷲についばませる罰を与えたのだ。プロメテウスは不死であったため、肝臓は夜中に再生して延々と責め苦を受けることになった。

日本神話もギリシャ神話も、火の扱いを誤れば、危険な目に遭いかねないという警鐘と見ることができる。

世界各地に残る類似の物語

たまたま両者が似ていたのだろう、と思うかもしれないが、ギリシャ神話だけでなく、世界各地の神話から、日本神話との共通点を見出すことができる。

イザナミが女陰を焼かれて死んだという話は、実はギリシャだけでなく、ポリネシアにも似た神話がある。火を盗んだマウイという神が永遠の生命を得ようと祖母の体内に女陰から入ろうとしたところ、願い叶わず祖母に殺されてしまった、という話である。

イザナギとイザナミによる「国生み・神生み」の神話にしても、オセアニアやポリネシア、東南アジアといった、南方地域の神話と同系だと研究者は分類している。また、イザナギとイザナミが矛《ほこ》で海をかき混ぜて島を作ったというくだりは、インドシナ半島に似た神話が残されている。さらには「天孫降臨《てんそんこうりん》」のような、神が天から降りてきて国土を治めた神話は北東アジアや中央アジアに多く、「岩戸神話」でさえも、ギリシャ神話に同じような表記があるのだ。こうした類似性の多さから、世界各地の神話が日本にも伝わったのだと考えられている。

神話はどのようにして日本に伝わった？

では、各地の神話はどのようにして日本に伝わったのか？　確かめるのは難しいが、大陸や沿岸地域の民族を経由して伝わったと考えるのが自然だ。

『古事記』は稗田阿礼《ひえだのあれ》が話した内容を太安万侶《おおのやすまろ》が書き記し、『日本書紀』は舎人親王《とねりしんのう》が中心となって編纂したものである。実はその編纂作業の際、中国や朝鮮半島の歴史書に関する知識を持った、渡来人の力添えがあったともいわれている。そうした学者が、自分たちの知る逸話を日本神話に反映させた可能性は十分あるだろう。また、ヨーロッパと東アジアは陸路でつながっているため、時間をかけて東進してきた人々が、中国や朝鮮半島の人々に自分たちの神話を伝えた可能性も考えられる。

最近では、より大きな枠組みで世界の神話を分類する動きも出てきている。ハーバード大学のマイケル・ヴィッツェルは、世界の神話は「ゴンドワナ型」と「ローラシア型」に分類できると主張する。ゴンドワナ型はホモ・サピエンスがアフリカで最初に誕生したときから語っていた神話で、南インド、パプアニューギニア、オーストラリアに広がったとしている。一方、ローラシア型は、ホモ・サピエンスが世界各地に移住した後、西アジアを中心に生み出されたという。騎馬民族の移動によってユーラシア大陸全域に広がり、シベリアから南北アメリカ大陸に渡ったり、太平洋域へ広がったりしたとしている。

近年のＤＮＡ分析などにより、この説の説得力は増しているため、近い将来、神話に関する常識が大きく変わることになるかもしれない。

ヤマタノオロチと対峙するスサノオ。ヤマタノオロチに若い女性が捧げられたというエピソードから、古代に生贄の風習があったと指摘する研究者もいる。

第二章

神話から浮かび上がる恐ろしい風習

13・人身御供の始まり？　ヤマタノオロチ退治

美しい姫を怪物から守ったスサノオ

神仏に祈りを捧げるとき、御利益を求めて献上するのがお供え物だ。日本において、お供え物は酒や米、魚、野菜などが一般的だが、往古には人間にとって最も大切なものが供えられた。人の命、つまりは生贄《いけにえ》である。

生贄の風習は、世界各地にも見られる。中南米のアステカ文明では日常的に人が生贄となり、その数は100万人をくだらないといわれている。日本においても、自然災害を神の祟りととらえていた人々は、その怒りを鎮めるために生贄を捧げた。いわゆる「人身御供《ひとみごくう》」である。この人身御供の記憶を留めていると指摘されているのが、ヤマタノオロチ神話だ。

物語は、乱暴狼藉が原因でスサノオが高天原から追放され、地上に降り立ったところから始まる。スサノオが出雲国（島根県）に降り立つと、この地の肥河《ひのかわ》（斐伊川《ひいかわ》）

涙を流す老婆たちに出会ったスサノオ（『やさしい古事記』国会図書館所蔵）

上流にある鳥髪《とりかみ》（船通山《せんつうざん》）において、泣きくれる老夫婦と美しい姫に出会った。

老夫婦は地上の山の神オオヤマツミの子どもで、名を足名椎《あしなづち》と手名椎《てなづち》といった。スサノオが話を聞くと、元々は八人の娘がいたが、年に一度、高志《こし》国からやってくるヤマタノオロチによって、一人ずつ食べられてしまったという。娘のうちの最後の一人として残ったのが、スサノオの前で泣いている櫛名田比売《くしなだひめ》（以下クシナダヒメ）であった。夫婦はもうじきクシナダヒメも食べられてしまうと思うと悲しくなり、泣き暮らしていたという。

ヤマタノオロチは、一つの胴体に八つの首と八本の尾を持ち、目はホオズキのように赤く、体にはヒノキやスギが生い茂り、長さは八つの谷と八つの峯におよび、腹にはいつも血がにじんでただれている、異様な姿をした怪物である。

話を聞いたスサノオは、クシナダヒメとの婚姻を条件にヤマタノオロチの退治を承諾。クシナダヒメを櫛《くし》の形に変えて自分の髪にさすと、家の周囲に八つの門を設けた垣根を張り巡らせ、門ごとに強い酒（八塩折《やしおり》の酒）を満たした桶を置くよう、足名椎と手名椎に命じた。

クシナダヒメを櫛にするというのはずいぶん突飛だが、櫛は「奇し」もしくは「霊《くし》び」が語源とされ、「不思議なこと」「霊妙なこと」を表しているという。古代の人々にとって、髪は霊力が宿る神聖なもので、髪の毛にさす櫛も特別視して、魔除《まよ》けになると信じてきた。この価値観は、イザナギが黄泉国から逃げ出す際、投げた櫛がタケノコに変じて追っ手の邪魔をしたというエピソードにも表れている。

この計略に、ヤマタノオロチはまんまとひっかかった。姿を現したヤマタノオロチは香り高い酒を飲み干して泥酔し、眠りに落ちた。そこへスサノオが現れると、ヤマタノオロチを十束剣《とつかのつるぎ》でズタズタに斬り刻んだのだ。

ヤマタノオロチ神話の注目点

ヤマタノオロチの怒りを鎮めるために、娘たちが犠牲になる。こうしたエピソードからは、人身御供の影響が見て取れる。

神話の舞台になった出雲には、ヤマタノオロチを彷彿とさせる自然が広がっていた。それが斐伊川周辺の地域である。船通山一帯の山地からは、斐伊川に幾筋もの川が流れて広がっている。洪水が起こりやすい地形だったため、ひとたび大雨が降れば、周辺地域に甚大な被害をもたらしていただろう。自然の脅威を鎮めるため、娘を人身御供として川に捧げていた可能性は十分ある。

神話にかくされた古代の政争

もう一つ、この神話は古代豪族の抗争の記録だという指摘もある。

ヤマタノオロチがやってくるのは、高志という国からである。馴染みのない方は多いと思うが、8世紀以降は「越国《こしのくに》」と別の国名で呼ばれていた。やがて越国は越後、越中、能登、加賀、越前に分割された。現在の山形県庄内地方から北陸地方にいたる、日本海に面した地域である。

これら日本海側の地域は、朝鮮半島や中国大陸に近く、それらの地域と古くから交流があったと考えられている。特に敦賀《つるが》港は、大陸の文化や文物を積極的に取り入れており、先進地域の一つだった。

こうした大陸との関係性は、同じく日本海に近い出雲周辺も似たものだっただろう。実際、2世紀ごろの出雲地域の遺跡からは、大陸からもたらされた銅鏡が見つかっている。いわば高志国と出雲国は、交易上はライバル関係にあった可能性がある。その対立関係がヤマタノオロチ神話に反映されているのではないか、というわけだ。

神話に見える製鉄技術の影響

真偽はともかく、大陸から伝わった製鉄技術が日本に与えた影響が大きかったことは確かだ。出雲西部の荒神谷《こうじんだに》遺跡や加茂岩倉《かもいわくら》遺跡からは、大陸の影響を受けたと考えられる、大量の鉄器が出土している。出雲国が大陸と交流し始めた時期はいつか、詳しいことはわかっていないが、2世紀には大陸の鉄器が伝わっていたようだ。

鉄器は大陸から輸入することもあったが、時代が下ると、出雲で製造されることもあった。特に出雲国の斐伊川一帯は、古くから砂鉄を多く産出し、「たたら」というふいごを用いた製鉄法があった地として知られている。古代の鉄剣も数多く発掘されている場所だ。

神話においても、そうした製鉄技術を思わせる記述が散見される。鉄が融解して真っ赤に燃える様子はヤマタノオロチの赤い目に、鉄分によって川の石が赤くさびていた様子はヤマタノオロチの血で赤く染まった斐伊川に、といった具合だ。

出雲はヤマト王権に対抗できる一大勢力であった。結局はヤマト王権の傘下に入ったと思われるが、それでも政治的・文化的な影響力は大きかったと考えられる。実際、『古事記』上巻の3分の1は、出雲にかかわる話である。天皇家と有力豪族の歴史を語ろうとすれば、出雲を語ることも避けられない。だからこそ、出雲の神スサノオの活躍も描かれたのではないだろうか。

14・戦国時代にも行われた熱湯審判　盟神探湯

熱湯に手を入れて罪を判断する

現代社会では、罪を犯した者を裁くのは、裁判所の役目である。被告人は法律に基づいて、厳正に裁かれる。

もちろん、そうした近代法ほど精密ではないものの、明治時代以前の日本でも、法による裁きは行われていた。奈良時代にはすでに律令制による裁判が行われるなど、法が秩序をもたらすことを、為政者も意識していた。

では、それ以前の日本では、どのようにして人を裁いていたのだろうか？　人を裁くには、誰もが納得する根拠が必要だ。その根拠は、古代においては神仏の意思だった。罪の有無を人間が決められない場合は、神に決断をゆだねたのである。

たとえば、古代には「うけい」（漢字では誓約と書く）という罪の判定方法があった。裁判のようなものではなく、実体は占いである。事前に二つの条件を定め、どち

スサノオとアマテラスによるうけいのシーン（『神代正語常磐草』国会図書館所蔵）

らになるかで物事の吉兆や成否を判断していたようだ。高天原にやってきたスサノオが、侵略にきたのではと疑う姉のアマテラスを説得するために行った儀式も、このうけいである。また、三島由紀夫の小説『豊饒《ほうじょう》の海』にも、登場人物がうけいで神の意思を尋ねるシーンが出てくる。

うけいは重要な場面で行われることが多かったようだが、同じく重要な場面で行われた占いが、「盟神探湯《くかたち》」である。

うけいの場合は「Aの場合はBになる」とある事柄を予想するだけだが、盟神探湯は違う。熱湯に手をつけさせ、火傷をすれば有罪、無傷で終われば無罪とする審判なのだ。

『日本書紀』によれば、3世紀ごろ、応神《おうじん》天皇に異心の疑惑を持たれた武内宿禰《たけのうちのすくね》が、身の潔白を証明するために自ら熱湯に手を入れたのだという。5世紀はじめの允恭《いんぎょう》天皇が、素性や家柄を偽る群臣がいないか確認するため、容疑者を次々と盟神探湯にかけたという恐ろしい記述もある。

普通に考えれば熱湯に手を入れて無事なわけはないが、神の意思を知る儀式として、盟神探湯は尊ばれていた。なんと戦国時代になっても行われることがあったのだ。

越前国（福井県）の大名・朝倉家の歴史を記した『朝倉始末記《あさくらしまつき》』によると、1573年に朝倉義景《よしかげ》が逆臣をあぶり出すため女官たちに神前で熱湯に手をつけさせ、火傷した者をことごとく処罰したとされている。記録の中では「湯起請《ゆぎしょう》」と書かれているが、方法は古代の盟神探湯そのものだ。女官だけでなく、武士が対象になることもあったようだ。

なお、毒蛇が詰まった壺に手を入れ、毒が体に回らなければ無罪になる「毒審」という方法もあったが、噛まれて無事で済むはずがなく、大抵はそのまま中毒死したという。

犯罪防止に有効だった？

このような理不尽な占いが影響力を持ち続けたのはなぜか？　前述したように、人の意思で裁くより、神に結果をゆだねた方が納得されやすい、というのは妥当だろう。加えて、盟神探湯が罪人をあぶり出すうえで、ある程度有効だった可能性もある。疑われた者は、熱湯に手を入れなければならない。喜んで応じる者はそうそういないだろう。ということは、罪を犯せば盟神探湯の対象になるという共通認識が社会にあれば、罪を犯す者は少なくなるはずだ。それに実際に罪を犯した者なら、熱湯を前にすれば恐怖で自白し、危険を避けようとするのではないだろうか。

事実、允恭天皇御世《みよ》の事件では、偽の姓名を名乗った者のみが火傷を負い、それを見た残りの偽姓使用者は次々と自白するか逃亡を企て、事件は早期に解決したという。

現在の刑事裁判は、「疑わしきは罰せず」が原則だが、古代においては違っていた。盟神探湯は信仰と恐怖心をたくみに利用し、冤罪者が出たとしても罪人をあぶり出そうとする、恐ろしい儀式だったのである。

15・桃に秘められた古代東アジアの呪術思想

大軍を打ち破った果実

日本神話からは、古代の人々の神秘に対する感性を、窺い知ることができる。何気ない記述であっても、その背景には意外な事実が秘められているものだ。

たとえば、イザナギが黄泉国から逃げ帰る際に窮地を救ったのは、果実の桃である。追いかけてくる鬼の大軍に対し、そこに生えていた桃の実3個をイザナギが投げつけると、鬼たちは一斉に退散したのだ。一命を救われたイザナギはよほど感謝したのか、桃に意富加牟豆美命《おおかむづみ》なる神の名まで与えている。この名前には「大いなる神の実」という意味があるとされており、古代の人々が桃をいかに特別視していたかがわかる。そしてイザナギは、桃に「私を助けたように、今後は現世に住む人間たちを救ってほしい」という願いまで託している。

なぜ桃が、これほどまで丁重に扱われているのだろうか？　それは桃が邪気を払う

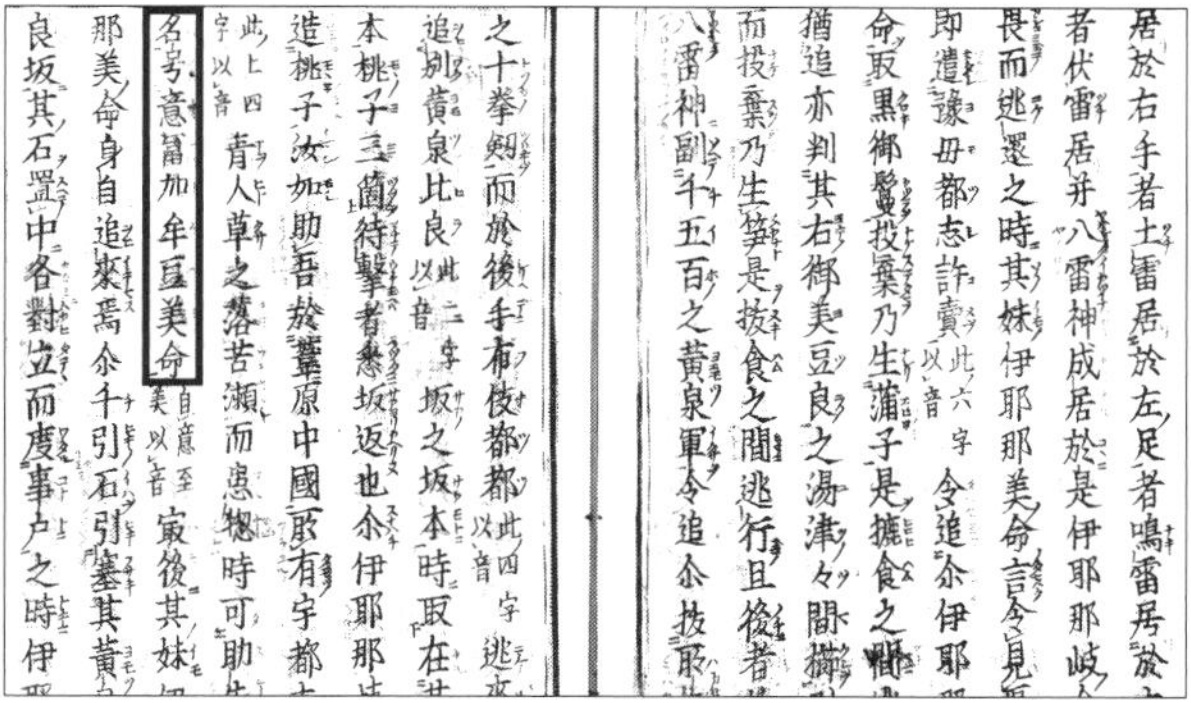
居於右手者土雷居於左足者鳴雷居於
者伏雷居并八雷神成居於是伊耶那岐
畏而逃還之時其妹伊耶那美命言令見
即遣豫母都志許賣此六字以音令追尓伊耶那
命取黒御鬘投棄乃生蒲子是摭食之間
猶追亦判其右御美豆良之湯津々間櫛
而投棄乃生笋是抜食之間逃行且後者
八雷神副千五百之黄泉軍令追尓抜
之十拳剱而於後手布伎都都此四字以音逃來
追到黄泉比良此二字以音坂之坂本時取在
本桃子三箇待撃者悉坂返也尓伊耶那
進桃子汝加助吾於葦原中國所有宇都
此四字以音青人草之落苦瀬而患惚時可助
名号意冨加牟豆美命自意至美以音最後其妹
那美命身自追來焉尓千引石引塞其黄
良坂其石置中各對立而度事戸之時伊

四角で囲んだ部分が、『古事記』に見えるイザナギによる桃への感謝の描写（『古事記』国会図書館所蔵）

仙果《せんか》として重宝されていたからだ。

元々桃は、日本には自生しておらず、中国原産の果物である。中国においては紀元前7500年の遺跡からも種が出土しているなど、人間との歴史が深い。

『典術』という中国の古い書物にも、「桃は五木の精にして仙木である。ゆえに邪気を圧伏し、百鬼を制す」といった記述があったという。つまり、桃が鬼を打ち負かすことができるということだ。

中国において、鬼とは死者の霊魂を意味し、それを打ち負かすことができるのは、死と正反対の「生命の誕生」と考えられていた。それに桃は、古代中国では妊婦のつわりを和らげる特効薬としても用いられていた。それゆえ妊婦の出産を助ける桃にこそ、鬼や悪霊を封じる呪力が宿ると信じられたのである。

さらに当時の人々は、桃の木で作った護符や人形を魔除けのシンボルとして用いていた。「熱病に罹患したときは、桃の枝で床を打てば病魔は逃げ出す」といった俗説も広まっていたという。

『古事記』成立時の日本は、中国の思想や文化を数多く取り入れたが、それは神話の世界でも例外ではなかったのである。

引き継がれる桃の神仙思想

では、日本に桃の神秘が伝わったのはいつごろなのだろうか？

弥生時代後期（西暦50～300年ごろ）の岡山県の遺跡からは、すでに大量の桃の種が出土している。その後も日本各地の遺跡で、木簡などとともに桃の種は出土している。2010年には、奈良県桜井市の纒向《まきむく》遺跡から2000個を超す桃の種が発見され、注目が集まった。

この発見が注目を集めたのはなぜか？　それは、纒向遺跡が邪馬台国畿内説の有力候補地と目されているからだ。出土した桃の種は、西暦135～230年の間に実った可能性が高いという分析結果が出ているのだが、これは邪馬台国の女王・卑弥呼が在世した時期と重複する。もしもこの地が邪馬台国だったのなら、女王・卑弥呼が桃を祭祀に用いていた可能性は高い。桃の種を加熱して割り、その割れ方で吉凶を占う儀式などが行われていたのではないかと推測されている。

また桃は、民話「桃太郎」でも重要な意味を持つ。「桃の名が冠された少年が鬼を倒す」というストーリーは、桃の神仙思想そのものだ。桃太郎には「桃を食べた老夫婦が若返り、性行為に励んだ結果、子どもが誕生した」という原話もあり、そこからは桃に不老長寿の御利益も期待されていたことが窺える。

さらに現在では、節分祭での豆まきにも、桃は一役買っている。神主は使用する豆に神威を与えるべく祝詞《のりと》をあげるが、それは「イザナギを悪霊から守った桃の霊力を、豆にお授けください」といった意味の内容だという。

神話にも反映された桃への畏敬の念は、今なお日本人の精神に受け継がれているのだ。

16・呪いの儀式　丑の刻参りが根づくまで

呪術ではなかった丑の刻参り

丑三つ時《うしみどき》とされる午前2時ごろ、白装束に身を包んだ女性が、大樹に藁人形を五寸釘で打ち付ける。頭には、火をともしたロウソクが立てられた鉄の環《わ》をかぶっている。ホラー漫画などでおなじみの、「丑《うし》の刻参《こくまい》り」の様子である。藁人形を恨みのある人物に見立て、傷つけたい箇所に向かって釘を刺し、呪いをかけているわけだ。

同じような人形を用いる呪いは、『日本書紀』にも登場する。臣下が皇子に、人形を使って呪いをかけるという内容だ。この描写に見えるように、呪いをかけるのは、男性でも女性でも可能だった。釘で人形を刺すような描写もない。しかし、次第に「嫉妬に狂った女性の呪い」というイメージが流布し、現在にまでその名が知られるようになっている。そうしたイメージ形成に大きく影響を与えたのが、京都の貴船《きふね》神社である。

貴船神社は恋愛成就の御利益があることで知られている。しかしその一方で、縁切りに関する功徳《くどく》もあるとして、信仰を集めてきた。この相反する二つの神徳を利用して、憎い相手に呪いをかけることができるという。

その神徳は、古くから恐れられていたようだ。平安時代の歌人・和泉式部《いずみしきぶ》が貴船神社で丑の刻参りをしたという伝説が残っている他、藤原氏の栄華を記した『栄華物《えいがもの》語《がたり》』にも、藤原頼通《ふじわらのよりみち》の正妻が夫の心変わりを阻止するべく、貴船の神に祈願して頼通を体調不良にする話が記されている。

鎌倉時代に成立した『平家物語』には、嫉妬に狂った女が鬼になるべく貴船神社に参拝する伝説まで見える。

丑の刻参りをする女性

時代が下ると丑の刻参りは芸能や娯楽の題材となり、その際に嫉妬に狂う女性のイメージが、一般庶民にも広がっていった。室町時代には「鉄輪《かなわ》」という能楽の演目がつくられ、江戸時代には文学や浮世絵の題材にされて呪いの儀式としてのイメージが定着。恋愛の神でありながら呪いの神であると認知されるようになったのである。

失敗すると自分の身に不幸が

では丑の刻参りは、どういった手順で行われるのか？　現在のような手順ができたのは、江戸時代になってからだと考えられている。

まずやるべきは、呪いたい相手を思い浮かべることだ。次に相手を呪う自分自身を1週間イメージし続け、それが終われば、呪いたい相手を想像しながら水風呂に毎日浸かる。水行の期間は21日間である。こうして準備を整えると、恨む相手の髪か爪を入れて作った藁人形、五寸釘と金槌、白か赤の装束を用意し、丑の日の丑の刻から決行するわけである。頭に載せるための鉄輪にさすロウソクは、無理に用意しなくても構わない。

実行直前には、神社の神に呪いの決意を表明した願文を必ず音読する。全ての準備を終えたら御神木に押し付けた藁人形に釘を打ち込むのだ。

手足に打てば四肢がケガをし、頭に打てば頭に病が起きるといわれている。こだわりがなければ、心臓部分に打ち込むだけでもいい。このとき呪詛《じゅそ》を口に出しながら打てば怨念はさらに高まるという。7日間を目安として、これらの儀式を相手が不幸になるまで続けるのが丑の刻参りの流れである。

注意すべきは、丑の刻参りを行う姿を、決して誰にも見られてはならないということだ。見られてしまうとせっかくかけた呪いが消滅し、それどころか、かけるはずの呪いが全て自分に降りかかってしまうという。

また、現実的に呪いがバレれば、法律に基づいて罰せられる可能性もある。相手に恐怖を与えれば脅迫罪となる場合がある他、夜中に神社の私有地に入れば建造物侵入罪、境内の木に釘を打って傷つければ器物損壊罪に問われるおそれがあるのだ。

恨めしく、不幸の底に陥れたい者がいても、その執念が原因で、自分自身を滅ぼすことすらある。そんなことにならないよう、安易に呪いに手を出すのは、控えた方がいいだろう。

17・貴族たちも重宝した呪術師集団

呪殺だけが目的でなかった呪術

呪術には、特定の人間をターゲットに、怨念を送って不幸をもたらすというイメージが強い。その起源は、古代の自然信仰にあるとされる。発掘調査の結果によれば、旧石器時代にはすでに呪術的な葬儀や儀式が行われていた形跡があるという。

自然は人に恩恵を与える一方で、時には災害で村々を壊滅させる二面性を持つ。古代人は自然の猛威を抑えて恵みを手に入れるべく、さまざまな儀式や習慣をつくり出した。これが呪術の始まりだと考えられている。干ばつ地域に雨を降らせようとする雨乞い、長雨や豪雨を止める止雨《しう》祈願《きがん》、五穀豊穣を願う豊作祈願も呪術の一部である。

やがて、各儀式を取り仕切るために呪術師も誕生した。世界最古の職業の一つとされる呪術師の中には、古代国家の吉兆を占う指導者的な立場に就く者もいる。邪馬台国の女王・卑弥呼がその代表だ。

安倍晴明を描いた絵巻絵（「泣不動縁起」部分／京都国立博物館所蔵）

このように、初期の呪術は自然の災いを鎮めて恵みを増やし、人間や国家の幸福を願うことが主な目的だった。しかし、幸いを願う呪術があれば、悪用して不幸に陥れる呪術も古くからある。日本の神が善神と荒神の二面性を持つように、自然崇拝から来た呪術も正と負の両面を持っていたのだ。

日本神話には、そうした呪いの風習の跡が色濃く残されている。神々の呪いに関するエピソードはこれまでも紹介してきたが、人間の時代になっても、呪いは絶えなかった。『古事記』には下氷壮夫《したひおとこ》と霞壮夫《かすみおとこ》という兄弟が賭け事でトラブルを起こし、母親が弟に品物を渡さない兄を呪詛《じゅそ》で懲らしめる話があるが、これも呪いと古代人の関係をよく示している。

貴族の依頼を受けた陰陽師

そして平安時代になると、呪術の恐ろしいイメージは、さらに強化される。平安時代は長い間死刑が執行されず、後期まで国中を混乱に陥れる戦争もなかった。だが宮中では、貴族間の権力争いが多発する陰惨な時代でもあった。その権力争いに、貴族たちは悪霊や呪術を利用するようになったのだ。

現在でこそ呪術は迷信扱いされているが、古代人にとって、呪術への恐れは共通する感覚だった。701年の大宝律令《たいほうりつりょう》において民間の呪術使用が禁じられるほど、その影響力を為政者たちは恐れた。そんななか、呪術師は貴族の意思に沿った術式を行使していった。この時期に活躍した呪術師といえば「陰陽師《おんみょうじ》」は外せない。

陰陽師は元々、災厄の予知や占星術の研究を仕事としていたが、平安時代には魔除けの儀式や呪術の行使者として、貴族に重宝されていた。強力な術者として知られた安倍晴明《あべのせいめい》は、式神《しきがみ》や呪符《じゅふ》による魔除けが得意だったとされており、ライバルとの呪術合戦を繰り広げたという伝説も数多い。

呪術は身を守るためだけでなく、相手を陥れるためにも多用された。たとえば修験道には、呪文を唱えて手で印を結んでから空を切る「九字護身法《くじごしんぼう》」という呪法がある。もとは護身用の秘術だったが、外敵を死にいたらしめる効果もあるとされるようになった。ライバルを蹴落《けお》としたい貴族に呪術を依頼されることもあったという。

最も使われた呪術は「調伏法《ちょうぶくほう》」である。仏教の僧侶が煩悩を払うための儀式だったが、大陸から伝来した密教グループの影響により、平安時代には敵を呪い殺すための呪法に変化した。目的によって作法は異なるが、基本的には外の光を遮った道場の中で、護摩《ごま》を焚《た》いて宝具で印を結びながら呪文を一心に唱え続ける。そうすることで、神や仏の力が地上に降りて、味方の運気を高めたり、逆に外敵を死に追いやったりすることが可能になったという。

効果があったかは別としても、負の呪術が平安時代において頻繁に試みられ、調伏法などの一部呪術は近世にいたるまで続いていたことは、事実である。太平洋戦争時にアメリカ軍撃滅のため実行されたという逸話も残っているほどで、真偽は別としても、呪術がいかに日本に根づいた慣習であったかがわかる。

18・政府の失策で破壊された数々の寺社

同一視されていた神道と仏教

日本の神様を敬うのは神道、仏の教えを実践するのが仏教。現在、両者は別の宗教で、信仰の場も寺院と神社という風に区別されている。だが、歴史的にみれば、これらが一つとなっていた時代の方が、圧倒的に長い。

そもそも、6世紀中ごろに仏教がヤマト王権に伝来したときから、従来の自然信仰を重んじる一派は仏を八百万《やおよろず》の神々の一部だと考えていた。以降、日本では、信仰面、文化面において、仏教の要素が積極的に取り入れられていく。やがて日本古来の神々を仏と同一視する「本地垂迹説《ほんじすいじゃくせつ》」が浸透し、神道と仏教は一体化した。このような神仏の混ざり合いを「神仏習合《しんぶつしゅうごう》」という。現在でも五重塔のある神社や鳥居のある寺院があるのは、この風俗の名残である。

そんな神仏習合が解体されるきっかけとなったのが、明治政府の宗教政策である。

仏具を焼く神官たち（『開化乃入口』国会図書館所蔵）

天皇の権威向上と国民の思想統一のために、新政府は政治と神道を組み合わせようとしたのだ。

こうして、１８６８年３月28日に「神仏分離令」が発布された。この分離令によって仏教由来の神号は禁止され、神社内の仏像・仏具の撤去が決まる。社僧《しゃそう》・別当《べっとう》という神社を管理する僧侶も廃止となり、神道と仏教は正式に切り離されたのである。

凄まじいまでの寺院破壊

こうした神道の国教化は、全国的な信仰の強化を図って１８７０年に出された「大教宣布《だいきょうせんぷ》の詔《みことのり》」で完成するはずだった。しかし、新政府の施策は大失敗に終わってしまう。政府は仏教の廃絶を意図していなかったが、民衆によって仏教を排撃する運動が全国で多発したからだ。

苗木藩《なえぎはん》の一部だった岐阜県東白川村では、藩主・遠山友禄《とおやまともよし》の指導で仏像・仏具を根こそぎ破壊。破壊行動は凄まじく、1870年秋までに15カ所の寺院全てが強制廃寺となった。

また、勤王思想が強い十津川郷《とつかわごう》（奈良県十津川村）では、寺院の腐敗に怒った人々が、51の寺を残らず破壊。維新前から廃仏運動が始まっていた薩摩藩でも、藩内にあった1600以上の寺がほとんど消滅してしまった。

これに最も驚愕したのは、新政府である。仏具の破棄や寺の統廃合の必要性は感じていたが、全国規模の破壊行為にまで発展するとは、予想していなかったのだ。そのため寺院の直訴があれば実行者を咎《とが》め、やむなく破壊する場合は政府に申し出るよう布告も出している。

それでも破壊行為がすぐに鎮まることはなく、全国にあった寺院の半数以上が廃寺になってしまった。この「廃仏毀釈《はいぶつきしゃく》」と呼ばれる大弾圧の衝撃は大きく、仏教の説法すら禁じられた僧侶たちからも猛反発を受けた。

政府の失策がここまで大きな波紋を広げるのも珍しいが、この事件から30年以上が経過した1906年にも、政府は宗教政策に失敗している。今度は仏教ではなく、神道が対象だった。

この時期に、政府は全国にある神社の再編を目指していた。そこで、各町村に複数ある神社を合祀して一町村に一社のみと定める「一村一社」を命じたのだが、それはつまるところ、地域に根差した神社の破壊を意味していた。これによって伝統ある神社と地域信仰の数々が消滅したばかりか、和歌山県熊野古道では神社林が伐採されて、貴重な動植物の絶滅や生態系崩壊が危惧されたのである。

これに危機感を抱いたのが、生物学者の南方熊楠《みなかたくまぐす》らである。熊楠は合祀の強行はかえって住民の安寧を壊すとして、主要新聞に反対意見を投稿するとともに、各界の著名人に協力を求める手紙を出した。

こうした抗議運動によって1920年、貴族院で合祀の強制を終了することが決まったが、被害は甚大だった。それまで全国17万社を超えていた神社は約11万社にまで激減。熊野でも9割の神社が消滅したとされ、神社林の貴重な動植物も多数失われたという。

19・妖怪と紙一重の存在だった神々

元々は神だった妖怪たち

日本神話の神々は、人間に恵みを与えるが、時には悪神として災厄をもたらす。神とは、自然に対する畏れから生まれた存在だからである。同じように、不可思議な現象や日常の不安から生まれたのが、妖怪である。

人間を水中に引きずり込む河童《かっぱ》、山に潜んで人を惑わす天狗《てんぐ》、怪力で村々を破壊する鬼など、妖怪と聞くと奇怪でおどろおどろしいイメージがあるかもしれないが、元々は神に近い存在だった。どちらも人知を超えた存在であり、妖怪を神として崇める地域も少なくない。民俗学では、神が堕落して妖怪や悪鬼になったというとらえ方もあるほどだ。

そんな、神の座から転落したと考えられている妖怪の一つが、河童である。河童は頭頂に皿がついた全身緑色の化け物で、普段は川に潜んでいると考えられていた。気

江戸時代に描かれた妖怪たち（「百鬼夜行絵巻」写し／国会図書館所蔵）

づかず川に近づくと、尻子玉《しりこだま》という活力の源をえぐり出すと恐れられていたようだ。

しかし、こうしたイメージは江戸時代以降に書物を通じてつくられたものである。それより前の時代では、一説には水神として崇められていたという。

河童の好物といえば、すぐにきゅうりが思い浮かぶだろう。加えて、河童は相撲《すもう》も好きだったという伝承がある。相撲の起源は豊作祈願の神事であり、きゅうりは水神への供物である。こうした関連性から、河童は水神が妖怪化したと指摘されているのだ。

福岡県北九州市の皇産霊《みむすび》神社や東京都台東区の曹源寺《そうげんじ》の境内にある河童堂も、河童を水難よけの水神として祀るためのものである。同じような妖怪としては、四国九州の川で男を引きずり込む川姫というものがいて、清流の女神であるセオリツヒメと関係があると語られることもある。

鬼の意外な正体

河童以外にも、日本各地の風習を調べれば、神から変化したと思われる妖怪が見受けられる。いずれも、自然の神秘を反映した、人とは異なる存在だとみなされている。

修験道では天狗を山の神や精霊が変化したものと考え、山で迷った人間を喰らう山《やま》姥《んば》は、山神の化身かその使いだとされていた。本来は動物神だった神猿《まさる》も、岡山県津山市の中山神社などに残る伝承では、生贄を求めて祟りを起こす妖怪として語られる。

いずれも恐ろしい存在だが、神が変異した存在のなかで最も強大なのは、鬼である。

鬼といえば、頭に角を生やして金棒を担ぐイメージが定着しているが、元々は形を持たない不定形な存在で、人々に害を与える現象や邪神を含めた、霊的な怪物だった。中国で悪しき霊的存在と信じられていたものが日本に伝来すると、次第に邪神や悪霊の類も鬼に含まれていったようだ。鬼を払う儀式も中国から朝廷に伝わり、9世紀には追儺《ついな》という、鬼払いの儀式が行われるようになっていたようだ。

鬼の一種である天邪鬼《あまのじゃく》は、ひねくれ者を指す言葉として使われているが、その正体は「記紀」に登場する女神の天探女《あめのさぐめ》だともいわれる。地上に降りた天稚彦《あめのわかひこ》を天からの使者を殺すようそそのかしたことから、後世になると鬼にされたという。

鬼の伝承は、日本各地にも残っている。東北地方の行事であるナマハゲは、見た目は鬼のようだが実は神の使いであり、京の貴船《きふね》大明神は、恋に破れた女を鬼神に変化させている。また、オオクニヌシの同神ともいわれる大物主《おおものぬし》神の「モノ」は、「オニ」を意味するという考えもある。その考えに従えば、国津神の頂点に立つ存在は、鬼だったことになる。

一方で、妖怪から神になるケースも多い。船を沈める霊でありながら、船の守護神としても祀られる船霊。魔性の力で人を襲う一方で、神として飼い主を魔から守ることもある化け猫などはその典型で、まさに神と妖怪は表裏一体の存在だったのである。

20・言霊に込められた「呪い」と「祝い」

言葉に魂が宿るという考え方

人間は、複雑な言語コミュニケーション能力によって細かな感情や欲求を伝え合い、文明を築いてきた。この人間の最も大きな特徴である言葉に、古代の日本人たちは特別な力が宿っていると信じていた。言葉にそなわる霊的な力。それが「言霊《ことだま》」であり、使い方次第では幸福も不幸ももたらすことが可能だと、考えられていた。

言霊が宿るのは、祭礼の場のような特別な状況においてである。霊力がどのような場面で宿ると考えられていたのか、詳しいことは解っていないが、言葉に魂が宿るのは、人々がそこに特別な感情を込めていたからだと考えられる。

奈良時代に成立した日本最古の和歌集『万葉集』には、歌人・山上憶良《やまのうえのおくら》が日本を「言霊《ことだま》の幸《さき》わう国」と喩《たと》えた歌が残っている。言霊の霊力が幸福をもたらす国だと言っているわけだ。

記紀の時代から神聖な山として敬われていた筑波山。筑波山神社のご神体でもある。

「記紀」にも言霊に関する記述は多数あるし、『常陸国風土記《ひたちのくにふどき》』にも、祖先神をもてなした筑波山《つくばさん》の神が祝福の言葉を受けて山が繁栄したという話が記されている。つまり、言霊を正しく使えばこの上ない「祝」がもたらされると信じられていたのである。

言葉に込めた呪い

しかし、言霊が人々の祝となる一方、使い方次第では「呪」にもなると、神道では考える。先ほどの『常陸国風土記』にも祖先神が呪いをかける描写が見られる。筑波山の神のもてなしを受ける前、祖先神は富士山の神から宿泊を断られていた。すると祖先神は苛立ちのあまりこう吐き捨てた。

「お前の山は一年中寒さに襲われ続ける」

これによって、富士山は一年中雪だらけの山になったのだという。

「記紀」においても、このような呪いに関わるエピソードは登場する。それも、祝に関する事柄よりもかなり目立った印象を受ける。

たとえば、高天原《たかまがはら》を裏切り、出雲の神に味方したアメノワカヒコに対し、タカミムスビは「邪心があるなら災いを受けよ」と唱えて矢を投げている。呪われたアメノワカヒコは、矢が胸に刺さって死亡した。また、神武天皇の祖父である山幸彦《やまさちひこ》は、自分の兄に呪いの言葉をかけている。なくした釣り針を返す際に不幸の言葉を唱えると、兄は収穫がなくなり貧窮しているのだ。さらには『日本書紀』には、ヤマトタケルが相模の海を「小さき海だ」と言って海神を怒らせ、嵐に巻き込まれるというエピソードも見える。古代の人々は、誤読や失言さえも、災いを引き寄せる危険なものだと考えていたようだ。

古代以降も連綿と続く言霊信仰

このような言霊の信仰は、自然信仰の影響が薄くなるとともに、影を潜めるようになった。だが、言葉を尊ぶ風習は、日本文化のなかに連綿と受け継がれている。空海が中国からもたらした密教の呪術が日本で強い影響力を持ち続けたのも、言葉の力を畏れる伝統が長かったからだと考えられる。江戸時代になっても五十音を神聖視して「五十聯音《いつらのこえ》」という五十音表が作り上げられるなど、現代以上に言葉は日本人にとって、特別なものだった。

こうして連綿と続く言霊の概念は、今も日本社会に深く根づいているともいえる。たとえば、結婚式のスピーチで「切る」や「別れる」などの言葉を避けるのも、元をたどれば言霊の影響がある。縁起の悪い単語は「忌詞《いみことば》」と言われて使うことを避けられ、漢字を変えたり別の言葉に言い換えられたりしたのだ。

口にしたことが現実化すれば、現代人であっても気味が悪いと思ってしまうが、古代の人々はそれ以上に恐怖し、言葉の威力を畏れていたのかもしれない。

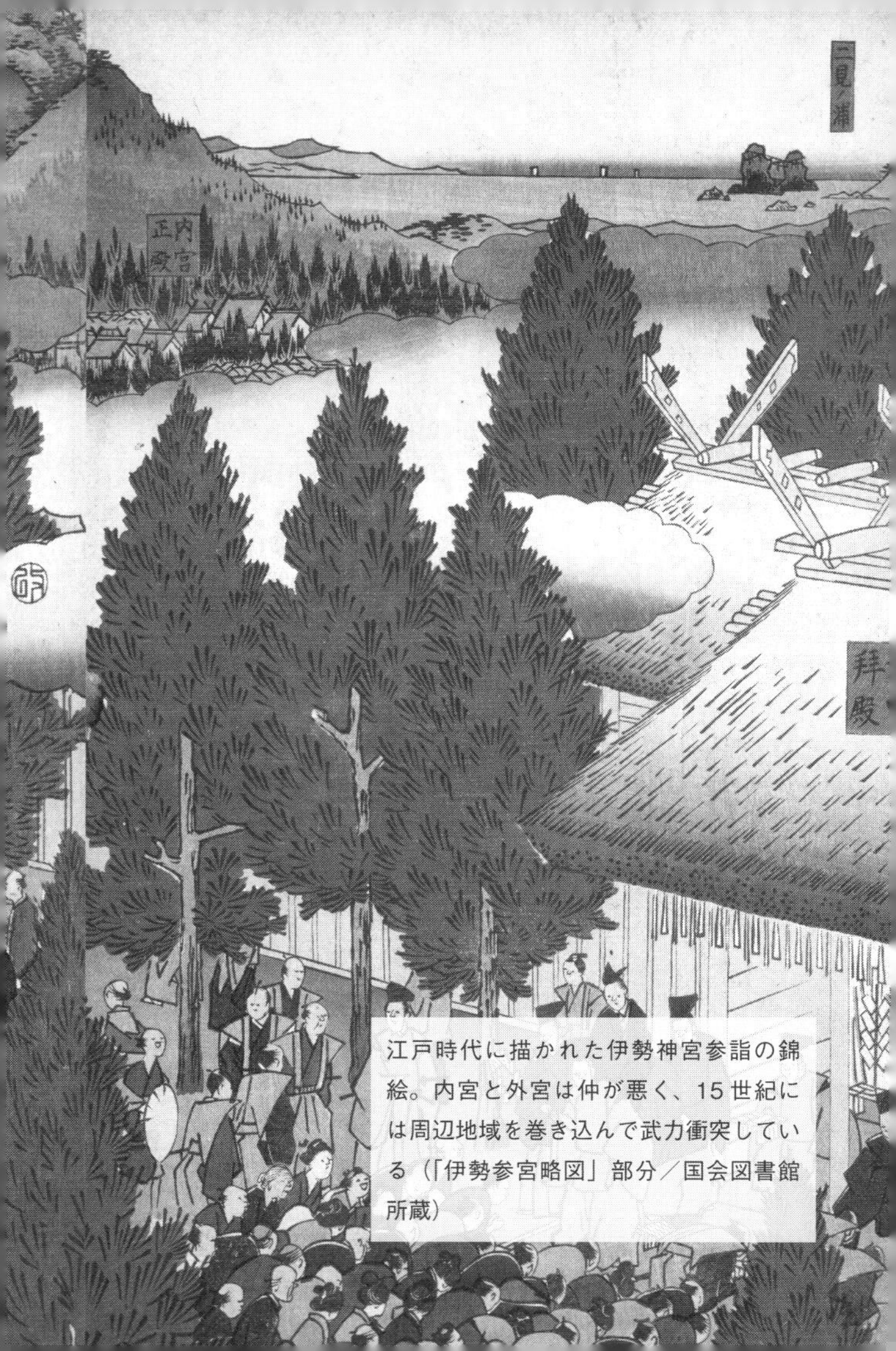

江戸時代に描かれた伊勢神宮参詣の錦絵。内宮と外宮は仲が悪く、15世紀には周辺地域を巻き込んで武力衝突している（「伊勢参宮略図」部分／国会図書館所蔵）

第三章

封印された神社の秘密

21・夜の神社参拝は神の加護が受けられない

神様も必要な休息時間

神社を参拝するときは、神様に失礼のないよう、マナーを守る必要がある。

鳥居の前で一礼してから手水舎《ちょうずや》で両手を清める、一礼してからお賽銭《さいせん》を入れて鈴を鳴らす、二礼二拍手一礼で拝礼してから最後に会釈をする……。

こうしたマナーはよく知られているが、神様に願いを届けたければ、参拝する時間にも注意を払わなければならない。なぜなら、時間帯を間違えると神に願いが届かなかったり、逆に不利益を被ったりする可能性もあるのだ。

神社への参拝は、朝から昼の間にするのが望ましい。なかでも早朝は最も神の気が高まっている時間帯。御利益を得るには最適だという。

しかし、夜の参拝はいただけない。お寺と違い、神社には門がないところもあるため夜中でも境内に入れる場合があるが、午後5、6時から日の出までの間の参拝は、

両手を清めるために置かれた手水舎

基本的に避けるべきだとされている。なぜなら、夜中は神が休息する時間だからだ。

神様だからといって、24時間活動しているわけではない。早朝に社へと迎えて、日没までにお帰りいただく。それ以降は人間と同じように朝まで休んだり、他の神々と会合を開いたりすることになっている。夜は神々の時間だとされているのも、神が自由に活動できると考えられているからだ。

当然ながら、眠っているのなら、神々が願いを聞いてくれることはない。人間でも、夜に自宅で休んでいるときにいきなり来訪されて仕事の話を押し付けられたら、嫌な気分になるだろう。相手が神なら機嫌を損ね、祟られてしまうかもしれないから、日の出ているうちに参拝するのが無難である。

魑魅魍魎が跋扈《ばっこ》し始める逢魔が時

また、夜に参拝をする問題点は、願いが聞き届けられないことだけではない。神が神社での仕事を休止するということは、境内から神の守護が薄れることにもなる。こうなったときに増えてくるのが、悪鬼悪霊の類だ。神の力で阻まれていた悪しき存在が、ここぞとばかりに神社へと入り込み、参拝者に悪影響を与えるという。

危ないとされるのは夜中だが、午後4時から6時の間も避けるべきだとされる。なぜならこの時間帯は、昼と夜の境界が最も曖昧となる「逢魔《おうま》が時《とき》（大禍時《おおまがとき》）」であり、魔の影響を最も受けやすいといわれるからだ。民俗学者の柳田国男《やなぎたくにお》も、「オオマガドキ」は怪しいものが現れることへの警鐘の意味があるのではないかと指摘している。

ただし、例外もある。日の光が失われる夜は人知の及ばぬ時間帯であり、畏れ多きものと接触できる時間でもあった。そのため神社によっては、夜中に催事を行うこともある。呪いの儀式とされる丑の刻参りも、元々は神に近づける時間に参拝して想いを成就させるためだったといわれる。

では、神との接触の機会がありながらも、夜間の参拝が避けられてきたのはなぜか？それには、神社が立地する環境が影響していると考えられる。

現在は都市内にも多くの神社があるが、古くから地域に根づいている神社は、森や山のなかにあることが多い。明かりの乏しい近代以前では、真っ暗闇のなかを進むしかなかった。律令国家が道路の整備を放棄した中世には、道に迷うことや、野生生物に襲われる危険もあっただろう。

神社に無事たどり着けたとしても、境内に満足な明かりはない。細かな段差に足を取られて転倒したり、帰路で遭難したり、もしくは境内に潜んでいた野盗に襲われることもあっただろう。実際、平安時代の説話集『今昔物語集』には、寺社が野盗の住《すみ》処《か》として描かれるエピソードが出てくる。夜の神社が危険だという認識は、日本人の実体験に基づいていると言えるのかもしれない。

22・イザナミが眠る死の世界　熊野三山

火の神カグツチを生んだ結果、命を落とし、黄泉国の住人になったイザナミ。『古事記』によれば、イザナミは出雲国《いずものくに》と伯耆国《ほうきのくに》の間にある比婆之山《ひばのやま》に葬られたとされる。一方、『日本書紀』には、イザナミは三重県にある熊野の有馬村に葬られたと記されている。イザナミは土地の人々の手厚い供養を受け、葬送には鼓や笛などが用いられたという。この熊野の地こそ、古くから生や死に関する独自の信仰を有し、奈良・平安時代の貴族たちからも異界として恐れられていた場所である。

『古事記』が編纂された8世紀前半、熊野へ行くには、険しい道を切り抜ける必要があった。そのため、都の人々にとって、熊野は文化と無縁の暗黒世界であり、死者が行き着く地だとみなされていた。そうした熊野の鬱蒼《うっそう》としたイメージと神話に描かれる黄泉国のイメージが重なり合い、イザナミが眠る地だとみなされるようになったのだろう。有馬村で丁重に葬られたのも、死者に対する恐怖と、熊野への畏敬の念がは

熊野三山にいたる道「熊野古道」

たらいたためだと考えられる。

だが、こうした死霊のイメージが伴っていた熊野の地は、律令国家の発展や、仏教の興隆によって徐々に変化していく。

熊野三山の創建年代はわかっていないが、古くから修験道の聖地として尊ばれていたようだ。9世紀には、熊野の二つの神社が律令国家の統制下に入り、知識人や僧侶などが集うようになっていた。さらに平安時代後半になると、浄土教の影響で熊野三山は浄土とみなされるようになり、天皇家にも厚遇されるようになる。そうした事情もあって、熊野三山は仏教色が濃くなり、僧侶が修行や神秘体験を求めて訪れる地になったのである。

23・武力衝突にまで発展した伊勢神宮の対立

犬猿の仲だった内宮と外宮

宗教は、組織内に根深い対立を抱えやすい。大元の信仰は同じでも、経典の解釈が異なれば派閥が生じ、どのグループが正統かをめぐって抗争が起きる。実際、西洋ではキリスト教が異端を排除しようと躍起になり、日本では仏教の宗派間対立が原因で戦乱が引き起こされた歴史がある。

神社界においても、こうした対立は避けられなかった。しかもその神社というのが、アマテラスを祀り、皇室とも繋がりの深い伊勢神宮である。かつてはこの伊勢の地を舞台に、社殿が焼け落ちるほどに激しい内部抗争が繰り広げられていたのだ。

伊勢神宮は、アマテラスを祀る宇治の内宮《ないくう》と、アマテラスの食事係である豊受《とようけ》大御神を祀る山田の外宮《げくう》に大きく分けられる。現在では表立った対立はないものの、この内宮と外宮は、かつて犬猿の仲だった。

江戸時代の内宮（『伊勢参宮名所図会』国会図書館所蔵）

　実際、両者が争った記録は数多く残されている。たとえば、１２９６年に外宮が年貢を納めない荘園を訴訟しようとしたとき、訴訟文書に自らを「豊受皇大神宮」と書いたことを内宮が厳しく批判。皇祖神を祀る内宮を差し置いて「皇」の字を使うことはけしからんと言うのだ。

　時代が下って江戸時代になっても、内宮が外宮を糾弾したという記録が見える。このときは、外宮が上位の神を示す「国常立尊《くにのとこたちのみこと》」の称号を使ったことに、内宮側が反発したと尾張藩士が記録している。

　いずれも内宮側が外宮を糾弾しているが、これにはわけがあった。奈良時代や平安時代のころ、伊勢神宮は朝廷から金銭的な援助を受けていたが、武士が台頭してくるころには朝廷の支援が乏しくなり、財源の確保に苦労するようになった。そこで参拝者が落とす金が重要になってくるのだが、大坂などに近い外宮に比べ、内宮に来る参拝者はどうしても少なかった。幕府の支援はあったものの、神社を維持できるだけの額ではなかったのだ。それを裏付けるかのように、1332年には内宮が外宮に奉納物（利益）の一部を渡すように訴訟を起こしている。経済格差が両者の対立の一端であるのは、間違いない。

戦国大名まで巻き込んだ抗争

この対立は神社だけでなく、内宮外宮の周辺地域も巻き込んだ。参拝者が増えたことで、内宮外宮の門前町である宇治と山田は大きく発展。室町時代には「宇治六郷《うじろくごう》」と「山田三方《さんぼう》」という共同体が組織されるまでになったが、両者の仲は決していいとは言えなかった。むしろ、内宮外宮の対立が反映され、戦国時代に入ると浪人方を雇って小競り合いを繰り返していた。

この争いには、山田三方の高利貸し問題や土地権利の対立も絡んでいたのだが、戦いの規模は次第に拡大していき、ついには神宮を巻き込む合戦まで起こしている。

事の発端は1485年ごろ、内宮に続く岡本の地に、山田三方が番屋を作って宇治へのルートを事実上封鎖したことにある。物流と参拝客の移動を妨げられた宇治六郷は厳しく非難したが、山田三方は一切聞く耳を持たない。宇治六郷の三倍以上の人口を擁している山田三方には、宇治側より立場は強いという自負があったのだろう。

ところが、こうしたパワーバランスは、伊勢国の戦国大名・北畠《きたばたけ》氏が宇治への協力を表明したことで一変する。翌年、伊勢神宮の外宮近辺で宇治六郷・北畠連合軍と山田三方軍との衝突が起きたのだ。

「宇治・山田の戦い」と呼ばれた武力衝突は宇治側の優位に進んだが、神宮内にも戦火が広まり、外宮正殿が焼失する事態となった。戦いそのものは宇治六郷と北畠軍の勝利に終わったものの、内宮外宮も大きな痛手を被った。内宮の有力神職だった荒木《あらき》田氏経《だうじつね》が責任を取って自殺までしている。

その後、宇治と山田の衝突は戦国時代末期まで何度か起き、内宮外宮の対立は江戸時代に入ってからも頻発していた。皇室の祖を祀る由緒ある神社でも、根深い対立の跡が残っているのである。

24・朝廷を震撼させた祟り神　菅原道真

菅原道真の冤罪と左遷

毎年受験シーズンになると、京都市にある北野天満宮には大勢の受験生が集まる。この地に祀られている菅原道真《すがわらのみちざね》に志望校合格を祈願するためだ。

菅原道真は、平安時代に実在した学者である。学者の最高位である文章博士《もんじょうはかせ》の称号を持っていたことから、道真が祀られている北野天満宮は、学問の神様を祀る地として人気を集めるようになった。ただし、はじめから学問の神様として敬われていたのではなく、祟り神と化した道真を鎮めるために祀られたのであった。

道真は政治の世界でも卓越した能力を発揮し、55歳で右大臣、57歳で従二位《じゅにい》の官位を授かるまでに出世していた。従二位とは、国政を担う公卿のトップの官位である。しかし平安時代の一時期の朝廷は、摂関家藤原氏の天下だった。当然、藤原氏は道真を疎ましく思い、ある策謀をめぐらせることになる。

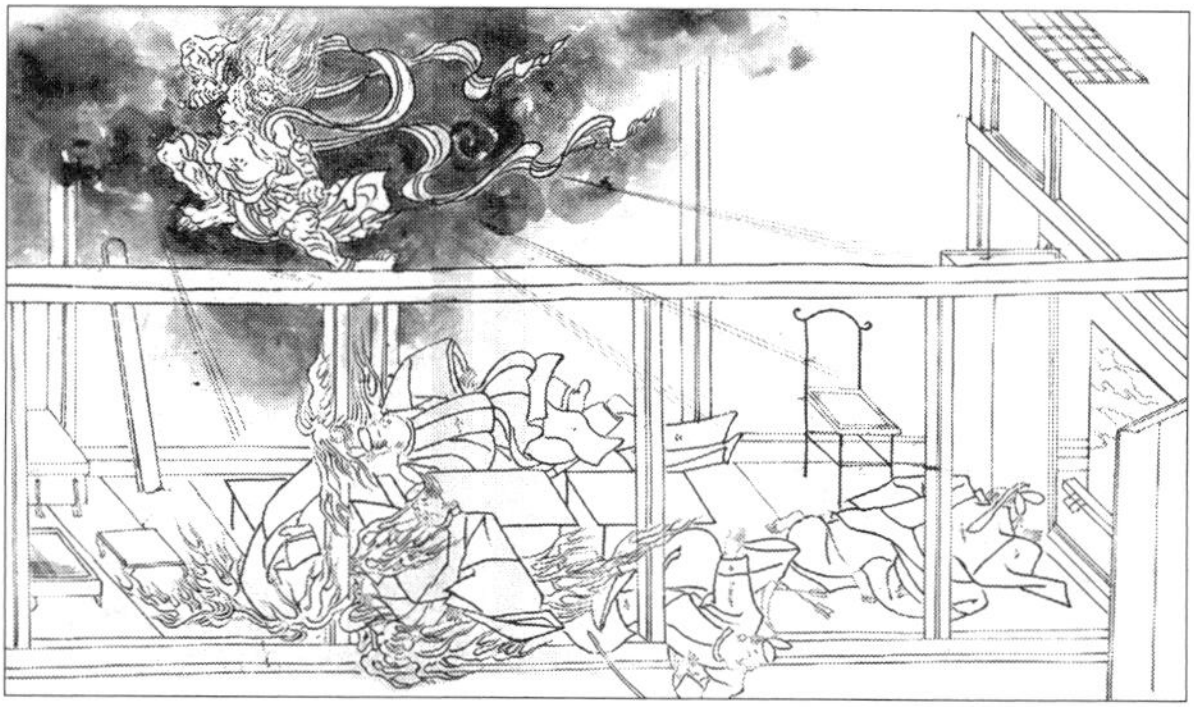

北野天満宮に災いをもたらす天神。学問の神・菅原道真は、この災いをもたらす天神として恐れられていた（「北野天神縁起」国会図書館所蔵）

道真が従二位になってしばらくしたときのこと。朝廷内に「道真が天皇と皇太子を追放して血縁者を後継にしようと企んでいる」という噂が流れた。道真のライバル藤原時平《ふじわらのときひら》が流したデマだったが、天皇はこれを信じて道真を九州大宰府へと追放してしまう。そのまま道真は軟禁状態となり、追放から２年後の９０３年に没した。

雷神となって都人を恐怖に陥れた道真

冤罪から悲劇的な死にいたった道真。悲しみに暮れる公家もいたが、その涙はやがて恐怖に変わる。道真の死を境に、宮中と都で災いが頻発したからだ。

９０８年には藤原一族の藤原菅根《すがね》が亡くな

り、道真追放を画策した時平もまもなく病死。914年からは毎年のように都が干ばつや疫病に襲われ、923年には醍醐《だいご》天皇の皇太子が死亡する事態となった。

こうした相次ぐ不幸を目の当たりにして、公家たちは道真の祟りだと恐れをなした。その思いは醍醐天皇も同じで、詔《みことのり》を出して官位を授け、右大臣へと復帰させ、左遷を決めた詔書は破棄して道真の名誉を回復させている。

しかし、それでも宮中への災いは鎮まらない。925年には天皇の孫が5歳で命を落とし、930年には宮中清涼殿に雷が落下。大納言を含めた多数の死傷者を出し、さらには落雷を目撃した醍醐天皇までもが病に倒れ、数カ月後に崩御《ほうぎょ》したのである。

この落雷によって受けた公家たちのショックは大きく、道真が雷神となって祟りを振りまいたと考える者も出はじめた。そこで、なんとか道真の怒りを鎮めようと創建されたのが、北野天満宮だった。道真を鎮魂するための社は905年に大宰府の地に建てられているが、それだけでは足りないと、947年になって北野の地にも社が設けられたのである。この地には元々は小規模なお堂がたっており、火雷神という神が祀られていたが、ここに道真を祀る社殿も設置された。

その後、987年に社は「北野天満天神」の神号を天皇から授かり、道真は正式に神社の祭神となる。この天神という称号に、日本神話に現れる天津神の意味はない。偉大な神として敬い、祟りを起こさないよう願いを込めたのである。当時の公家皇族がいかに道真を恐れていたかがわかる。

祟り神のその後

宮中を恐れさせた最悪の祟り神は、今では日本各地の天満社に祀られている。江戸時代になると祟り神としての性格は薄まり、学問の神様として敬われるようになっていく。

なお、その「学問の神」という性格が普及したきっかけの一つは、寺子屋である。子どもに読み書きを教える寺子屋には、天神像が飾られることが多かった。江戸時代には道真を祀る天満社は全国に建てられており、庶民にとって道真は身近な神になっていた。そうした天神社で天神像が作られて、それが寺子屋にも普及したのだろう。

25・天神社に伝わるわらべ歌の怪しい伝承

オカルト説もあるわらべ歌

菅原道真を祀る神社は、日本全国に点在している。その数は1万社を超えるという。それだけ数が多ければ、天神信仰とは無関係の、変わった伝承のある神社もある。たとえば神奈川県小田原市の菅原神社（山角天神社《やまかくてんじんしゃ》）は、かの有名なわらべ歌「とおりゃんせ」の発祥地として知られる神社だ。

「とおりゃんせ　とおりゃんせ　ここはどこの細道じゃ　天神様の細道じゃ……」

そんな歌詞から始まる歌を、一度は耳にしたことがあるのではないだろうか。かつては信号機の音響として使われていたため、記憶にある方もいるだろう。遊び歌として口ずさまれる歌でもあるため、子どものころの記憶として頭に残っている人もいるかもしれない。

そんな有名な歌だからだろうか、歌詞やメロディにはさまざまな解釈があり、なか

通りゃんせ　通りゃんせ
ここはどこの　細道じゃ
天神さまの　細道じゃ
ちっと通して　下しゃんせ
御用のないもの　通しゃせぬ
この子の七つの　お祝いに
お札を納めに　参ります
行きはよいよい　帰りはこわい
こわいながらも
通りゃんせ　通りゃんせ

とおりゃんせの歌詞

には不穏な雰囲気を伝えている、という解釈もある。

たとえば、「この子の七つのお祝いに　お札を納めに参ります」という部分は、「人身御供《ひとみごくう》」を表していると言われることがある。納めるものはお札だけでなく「七つの子」も含まれるという。「行きはよいよい帰りはこわい」の部分は、子どもたちは何も知らないので行きは「よい」のだが、もう帰れないので「帰りはこわい」となる、という具合だ。

他にも、とおりゃんせは神隠しを表している、疫病の記憶を留めているといった調子で、怪談などの題材にされることも珍しくない。

実際には、このような解釈を裏付ける史料もなければ風習の痕跡もなく、あくまで推測にとどまっている。菅原神社には人身御供に関する伝承や信仰はないので、生贄説も信憑性はないと言える。

わらべ歌にこめられた意味

では、このわらべ歌にはどのような意味がこめられているのだろうか？　有力なのは「関所のやり取り説」である。

神社の近くを走る東海道は、江戸時代においては人馬が行き交う主要道路だった。そうした主要道路に設けられていたのが、関所である。江戸時代は、人の出入りが現在よりも制限されていた時代である。主要道路である東海道には、流通管理のために関所が欠かせなかったわけである。

それを踏まえて、とおりゃんせの歌詞をもう一度みてもらいたい。「ここはどこの細道じゃ　天神様の細道じゃ」「この子の七つのお祝いに　お札を納めに参ります」「行きはよいよい帰りはこわい」という箇所だ。

「天神様の細道」は、この説に従えば関所へ続く道を表し、「七つの祝いの札」は、役人に渡す通行手形だと解釈できる。「こわい」というのは「怖い」という恐怖を表す言葉ではなく、関東や東北で「疲れる」を意味する方言である。すると「帰りはこわい」は、旅の疲れでヘトヘトになりながら故郷に帰る旅人を表していることになる。生贄説や疫病説と比べると、歴史的な根拠を踏まえている分、説得力は増している。

別の説のなかでは、「スパイの取り調べ説」というユニークなものもある。

この説は、同じくとおりゃんせの発祥地とされる埼玉県川越市の三芳野神社《みよしのじんじゃ》に伝わっている。神社は川越城の敷地内にあったが、一般人は時間限定で参詣が許されていた。だが、帰りは機密漏洩を防ぐために厳しく取り調べられていたという。「行きはよいよい帰りはこわい」という歌詞が生まれたのは、こうした歴史を踏まえているというのである。

この説に史料の裏付けはないものの、幕府や武士に対する恐怖感から出た歌だというのは、時代を反映しているようで興味深い解釈である。江戸時代の民衆が一番恐れたのは目に見えない神ではなく、身分社会の頂点に立つお上《かみ》だったのかもしれない。

26・摂関家の陰謀を浄化する御霊神社

祟りを鎮めるための御霊信仰

災害や不審死が相次いだとき、古代の人々は無念の死を遂げた死霊の仕業だと考えることがあった。不可思議な不幸を怨霊の呪いとする考え方は世界でも珍しくはないが、日本では神霊として崇め奉れば平穏が戻ると考えられていた。

このような信仰体系を「御霊信仰《ごりょうしんこう》」という。京都の祇園祭も怨霊を鎮魂する儀式である「御霊会《ごりょうえ》」から始まったものだとされている。そして非業の死を迎えた人々を祀る「御霊神社」も全国各地に存在し、京都府京都市にある「上御霊神社」と「下御霊神社」もそのなかの一社である。

上御霊神社（正式名・御霊神社）は、早良親王《さわらしんのう》の霊を鎮めるため、７９４年の平安遷都に際し、桓武《かんむ》天皇の勅願によって上出雲寺のあった地に創建されたのが始まりとされる。早良親王に加え、井上大皇后《いのえのおおきさき》、他戸《おさべ》親王、藤原大夫人《ふじわらのたいふじん》、橘大夫《たちばなのたいぶ》（橘逸《たちばなのはや》

怨霊を祀るために創られた上御霊神社

勢《なり》）、文大夫《ぶんのたいぶ》（文室宮田麻呂《ふんやのみやたまろ》）、火雷神《からいしん》、吉《き》備大臣《びのおとど》の「八所御霊」を祭神としており、火雷神と吉備大臣はそれぞれ菅原道真と吉《き》備真備《びのまきび》と同一視されることもある。

一方の下御霊神社は、８６３年に京都神《しん》泉苑《せんえん》で開かれた日本最古の御霊会に前後して、下出雲寺の境内に創建されたもので、祭神は上御霊神社とほぼ同じだが、他戸親王と井上大皇后の代わりに藤原広嗣《ひろつぐ》と伊予《いよ》親王が祀られているのが特徴だ。

しかしいずれにも共通する一番の特徴は、祀られているのが奈良時代後期から平安時代にかけて非業の死を遂げた文化人や政治家ばかりだという点だろう。そして彼らの死に深く関わっているのが、藤原家の陰謀である。

藤原家といえば、摂政や関白が政治を牛耳る「摂関政治」や天皇家との婚姻で平安の朝廷を支配したことで有名だが、繁栄の裏では数多くの政敵たちを謀略にかけていた。悪しき噂を宮中に流し、天皇に無実の罪を密告し、あるいは直接暗殺する。このような政争に巻き込まれて政治生命を絶たれる政治家が後を絶たず、または一族内の抗争に敗れる藤原家の人間もかなりいた。上下の御霊神社の祭神たちにも、藤原家の政争に巻き込まれた被害者が少なくないのである。

たとえば、菅原道真は藤原家に無実の罪を着せられて九州に左遷されている。伊予親王も、謀反を起こした藤原宗成《むねなり》から謀反の首謀者だと嘘の自白をされたせいで、母親もろとも自殺に追い込まれている。早良親王も政争の被害者で、藤原種継《たねつぐ》暗殺事件への関与を疑われて流罪となり、護送の途中に憤死している。

その怨霊を鎮めるために創られたのが上御霊神社である。敗北した藤原家側の人間としては、橘諸兄《たちばなのもろえ》と対立して謀反を起こすも敗れた、藤原広嗣が例として挙げられる。

謀略によって命を落とした犠牲者たち

このように、藤原家の天下は犠牲の果てに成立したものである。しかし、そうした犠牲者たちを、藤原家は最も恐れた。医療技術が未発達だった平安時代では、災害を含む数々の不幸は、恨みを抱いて死んだ者の祟りが原因と考える者も多かったという。実際、菅原道真や早良親王の死後には大規模な災害・疫病が相次ぎ、貴族たちは皇族すらも犠牲となる惨状を見た。その様子を、怨霊化した死者たちの復讐と恐れおののいたのである。

そうした祟りを鎮めるために、貴族たちは試行錯誤を繰り返した。道真の他にも、早良親王は805年に崇道《すどう》天皇の称号を追号され、863年の御霊会には、早良親王、伊予親王、藤原大夫人、橘大夫、文室宮田麻呂など、政争の被害者ばかりが祀られた。

権力者たちは、怨霊化したとされた人物たちを祀ることで彼らの怒りを鎮め、同時に祟りのエネルギーを福に転換しようとした。藤原家を含む貴族たちの罪を浄化することこそが、御霊会や御霊神社が存在した理由なのである。

怨霊化した御霊を鎮める儀式は、その後も八坂神社などの各地で続けられていく。そしてかつての被害者たちは、現在も上下の御霊神社で祭神として崇められている。

27・白峯神宮が祭神とする最悪の悪霊とは？

恨みを残して大魔王となった上皇

京都市上京区の白峯神宮《しらみねじんぐう》は、境内に精大明神《せいだいみょうじん》という蹴鞠《けまり》の守護神を祀っている。この地に蹴鞠を家業とする公家・飛鳥井《あすかい》家の邸宅があったからである。現在では球技の御利益があるとして、サッカーやバレーボールの選手らが訪れることもあるようだ。

ただ、精大明神は摂社に座す神であって、主祭神ではない。白峯神宮の主祭神は、鎌倉時代に悲運の死を遂げた、崇徳《すとく》天皇（上皇）である。死後数百年も権力者を悩ませ続けた、日本最強の怨霊だ。北野天満宮に祀られている菅原道真と、関東で反乱を起こした平将門《たいらのまさかど》とともに、「日本三大怨霊」に数えられている。

天皇という日本の頂点に立った人物が、なぜ人々を恐れさせる存在になったのだろう？　それは、天皇家の主導権争いに敗れ、失意のうちに死んだからである。

崇徳天皇は、祖父白河《しらかわ》上皇に寵愛されて育った。白河上皇が政治の実権を握るなか、

崇徳上皇を祀る白峯神宮（yamai36/CC BY 3.0）

わずか5歳の幼さで天皇に即位。当然、このときはおかざりの天皇だったが、成長して自身にも子どもができれば、その後見人として権力を手中にすることができる立場だった。

ところが白河上皇が崩御《ほうぎょ》すると、崇徳天皇は父の鳥羽《とば》上皇によって冷遇されていく。俗説では、崇徳天皇は鳥羽上皇の実の子ではなく、白河上皇が鳥羽上皇の妃に手を出して生まれた子だというが、信頼にたる根拠はない。

鳥羽上皇は崇徳天皇を半ば無理やり譲位させ、新帝として近衛《このえ》天皇が即位。近衛天皇は急死してしまうが、鳥羽上皇は第4皇子の後白河天皇を皇位につかせた。皇位継承者として、崇徳上皇の息子がいたにもかかわらず、である。

不満を募らせた崇徳上皇は、鳥羽上皇の死後、天皇の座を奪い返すべく蜂起。「保元《ほうげん》の乱」である。しかし、平清盛らの武力で鎮圧され、崇徳上皇は讃岐国《さぬきのくに》（香川県）に流されてしまった。

流罪生活の中で、崇徳上皇は都への帰還と父の供養を願って五部の大乗経《だいじょうきょう》を写経した。だが、後白河天皇からは受け取りを拒否されている。冷遇に次ぐ冷遇に怒りは頂点に達し、崇徳上皇は狂気に走った。自ら食いちぎった舌から流れた血で、朝廷への呪詛文を書き残したのだ。

そうして憤死した天皇の姿は、爪も髪も伸び放題で目も落ち窪んだ幽鬼のようにおぞましい姿だったという。

７００年ぶりの京都還御

崇徳上皇の死後、天下には災害が頻発した。数多くの暴風、大乱、大火。これらの災厄を崇徳上皇の怨念と考えた朝廷は、保元の乱の古戦場に慰霊廟を建設した。それでも、事態は一向に収まらない。後白河上皇の皇子・二条天皇が早世したばかりか、保元の乱の鎮圧に加担した平清盛が謎の熱病で死亡するなど、不幸はとどまることを知らなかった。

その後も、朝廷や幕府を揺るがすほどの動乱や災害が起きると、崇徳上皇の呪いだと恐れられた。その怨念は、朝廷ではいつの時代になっても忘れられることはなく、崇徳上皇を鎮める儀式は連綿と行われていた。それでも、恐怖心からか崇徳上皇の御霊は都の外に置かれたままだった。

事態が変わったのは、幕末のころである。朝廷の権威が向上すると、孝明《こうめい》天皇は崇徳上皇を京に還御《かんぎょ》（帰還）させる計画を立てた。この計画は明治天皇に受け継がれ、1868年8月に崇徳上皇の魂は約700年ぶりに京都へと還ってきたのである。

明治天皇が計画を引き継いだ原因は戊辰《ぼしん》戦争にある。朝廷を恨む崇徳上皇が佐幕派に味方して、新政府軍を呪う可能性を危惧したからだとされている。死後数百年を経ても、崇徳上皇の祟りは恐れられていたのである。

28・動物の生首を供物に捧げていた諏訪大社

鹿の首を捧げる御頭祭

神道は、血や死を穢れとして忌《い》み嫌う。だが、それらをまったく排除するかといえば、そうではない。神道には各地方の土着信仰も含まれており、なかには血や死と密接なものもある。人間を生贄として山や川などの自然に捧げる人身御供も、そうした風習の一つだったと考えられる。

また、人間とまではいかなくとも、動物の首や体を供物にしていた神社もある。その一つが、長野県にある諏訪大社《すわたいしゃ》だ。

諏訪大社は、諏訪湖に四つの境内を持つ、国内有数の古社である。「記紀」にもその由来が記されており、古くからこの地に土着の巨大勢力があったことを窺わせる。7年ごとに巨大な柱が坂を下る御柱祭《おんばしらさい》を行うことでも知られているが、「御頭祭《おんとうさい》（酉《とり》の祭《まち》）」という、いわば生贄の儀式もこの社には残っているのだ。

御頭祭が行われる諏訪大社上社前宮の十間廊

御頭祭は、毎年4月15日に諏訪大社の上《かみ》社《しゃ》で実施される、五穀豊穣を願う儀式だ。御霊の宿った神輿《みこし》を担いだ人々が本宮《ほんみや》から前宮《まえみや》までを練り歩き、神前に供え物を捧げる。ここで供え物とされるのが、なんと鹿の首である。

現在でこそ剥製が使われているものの、かつては75頭ほどの鹿が神事のたびに狩られていた。このとき、串刺しにされたウサギも一緒に供物にされていた。

江戸時代の紀行家・菅江真澄《すがえますみ》はこの儀式を目にしており、その記録を残している。もちろん、菅江が見たのは本物の鹿の首が使われていたころの神事である。その場には、白鷺《しらさぎ》やウサギ、雉《きじ》、山鳥、鯉、鮒《ふな》などの肉の塊もあったという。

この他にも、諏訪大社の上社では年始に「蛙狩《かわずがり》」という生贄の神事が行われる。こちらも現在も続く神事で、本物のカエルを矢で貫いて神前に捧げる。

このような動物を供物とする神事は、諏訪大社以外でも行われてきた。千葉市の香《か》取神宮《とりじんぐう》の「大饗祭《たいきょうさい》」でも、神官が自ら鴨を捌《さば》いた鴨羽盛《かものはもり》や鮭の身で作った鳥羽盛《とばもり》などが供えられるし、宮崎県西都市の銀鏡《しろみ》神社では、毎年猪の首を奉納する神事が残っている。

土着信仰の名残を残すミシャグジ神

現在でこそ諏訪大社は諏訪明神を祀っているが、元々諏訪の地は土着神ミシャグジ神への信仰が強い土地だった。ミシャグジ信仰は、古代の関東一帯に広まっていた原始信仰の一種だが、諏訪住人の信仰心は一際強く、諏訪大社が創建してからも神事などに強い影響を与えていた。狩猟関係の神事も原始信仰の名残であるようだ。

ミシャグジ神は祟り神としての力も強く、一説には若者を生贄として求める一面もあったとされる。岩手県花巻市の諏訪神社にある供養塚には、かつては若い娘を諏訪神に人身御供として捧げていたが、やがて鹿を代わりに捧げるようになり、最後は魚で代用したと記されている。すでに廃れた神事だが、鹿が供物となるという点は、まさに御頭祭と瓜二つである。

こうした伝承を踏まえた、大胆な仮説もある。御頭祭は、ミジャグジ神に人間を捧げる儀式から変化した、というものだ。

先述した紀行家・菅江真澄の記録に、人身御供の儀式を再現したかのような寸劇について記されているというのが、その根拠の一つである。江戸時代にも生贄説は一部で信じられ、珍しがられていたという。

しかし、それが事実であったかは疑わしい。1778年に高島藩から受けた質問状で、諏訪大社は寸劇に登場する人物が生贄であることを否定している。偽りである可能性もあるが、そもそも、江戸時代以前の儀式は記録が残っていないため、諏訪大社における人身御供説に、確かな根拠はない。

高島藩から諏訪大社への質問状には、諏訪大社に伝わる不思議な儀式を問いただす内容になっている。それはつまり、江戸時代の人々の間でも、諏訪大社の儀式が注目を浴びていたということなのかもしれない。

29・生贄の風習を伝える？　一夜官女祭

日本にもあった生贄の儀式

「生贄《いけにえ》」――。人間や動物の命を捧げるという、恐ろしい行為だが、生贄はかつて、世界各地で行われていた。実際、ペルーやアルゼンチンをはじめ、南米の各地で生贄として捧げられた子どものミイラが、何体も見つかっている。火山や海辺近くの絶壁など、自然に近い場所に生贄は捧げられていたようだ。２０１６年には、ペルー北部の沿岸地域から、生贄に供されたとみられる１４０人以上の子どもの骨が見つかっている。

もちろん日本も例外ではなく、「人身御供《ひとみごくう》」という風習があった。博学者・南方熊楠《みなかたくまぐす》をはじめ、明治時代の民俗学者が、そうした各地に伝わる呪術的な風習を「発見」していったのだ。

人身御供とは、災厄を防ぐため、人間の体を神の供え物とする行為だ。『古事記』

一夜官女祭が行われる野里住吉神社（bittercup/CC BY-SA 3.0）

において、ヤマタノオロチに女性が食べられるという描写が見えるのは、人身御供の影響だという指摘もある。

また、洪水を鎮めたり橋を建築したりする際、人間を生き埋めにする「人柱《ひとばしら》」があったという伝説も、日本各地に残っている。研究者によっては、人身御供は神に人間を捧げる行為で、人柱は神に捧げる行為ではない、と分類することもある。なお、人柱に関しては、城をつくる際にも行われたという伝説があるが、それが歴史的事実だといえるほど、確かな根拠があるわけではない。

少女を捧げた風習の名残り

人身御供も人柱も廃れた風習だが、その名残を残す神社は日本各地に存在する。たとえば、大阪市西淀川区の野里住吉《のざとすみよし》神社で毎年2月に行われる「一夜官女祭《いちやかんにょさい》」も、元々は人身御供の儀式から始まったのではないかと指摘する声もある。

神事は、選ばれた7人の少女の自宅に、神社からの使者がやってくるところから始まる。使者を迎えると少女は親子で盃の儀を済ませ、美しく着飾り神社へと向かう。この盃の儀は親子の別れを再現したものだといわれている。そして、子どもが神社に着くと神楽が奏上され、続いて七つの膳（夏越桶《なごしおけ》）に入れられたお供え物（神饌《しんせん》）を、神に捧げる。これが大まかな流れである。

神社の伝説によると、かつてこの地域では、災害や疫病に苦しむ人々が若い娘を生贄として神社に捧げていたという。そこに若武者が現れ、娘たちを救うべく生贄の櫃《ひつ》に潜り込んで、訪れてきた神を退治した。こうして地域は人身御供をする必要がなくなり、儀式だけが神事として存続したという。

人身御供を模した祭礼

このような神事や伝説があるのは、野里住吉神社だけではない。似たような人身御供伝説がある神社は、全国に数多い。

たとえば平安時代の説話集である『今昔物語集』には、岡山県津山市の中山神社を舞台とした「中山猿神話」が掲載されている。それによると、神社では若い娘を山の猿神に生贄として捧げていたが、旅の男が猿神を懲らしめると、生贄の風習はなくなったという。一夜官女祭の逸話とほぼ同じ内容である。

また、境内に人形を供える奈良市の倭文《しずり》神社の「蛇祭《じゃまつ》り」も、かつての人身御供を再現したものだといわれている。さらに、少女と氏子らが行列を作る福井県敦賀市の稲荷神社に伝わる「初午祭《はつうままつ》り」は、生贄を強いる怪物の狒狒《ひひ》を侍が退治した伝説から始まったとされている。女性が生贄に捧げられていることが多いが、それは巫女として神と交信できるからだと考えられていたからだろう。

人身御供の風習は、今日の人権意識に照らせば決して受け入れられないものである。ただ、過去の人々はその儀式によって神や自然の怒りを鎮め、共同体の安寧を願っていたと考えられる。すなわちこうした恐ろしい風習は、人間がいかに自然に翻弄されてきたかを表しているのである。

30・半島の人々の耳を供養　豊国神社の耳塚

豊臣秀吉を祀った豊国神社

豊臣秀吉は、非常に評価の難しい戦国武将だ。並み居るライバルに負けずに足軽から天下人にまで成り上がった一方、天下統一後には大粛清や朝鮮半島への侵略行為によって、国内外に多大な混乱を引き起こしている。大坂城や聚楽第《じゅらくだい》は、前者のような、秀吉のきらびやかな面を象徴していると言えるだろう。だとすれば、京都市東山の豊《とよ》国《くに》神社近くに置かれているある塚は、後者のような秀吉の残虐な面を色濃く象徴しているといると言える。

豊国神社は、「豊」の字が示すとおり秀吉を神として祀るために創建された神社である。現在の神社は、大坂の陣で豊臣家が滅亡して荒廃していたところを、明治天皇の意向によって再建されたもので、当初は東山の中腹に建てられていたようだ。

秀吉の七回忌にはきらびやかで豪華な祭礼が催されるなど、派手好きの秀吉らしい

豊国神社の近くにある耳塚（+ー /CC BY-SA 3.0）

神社ではあるが、それと対照をなすかのように、神社前の道を挟んだ場所には、ポツンと塚が設けられている。巨大な石塔が置かれ、塚の大きさは8メートルに及ぶ。なぜこんなところに、こんな不自然な塚があるのだろうか。そう首を傾《かし》げる人もいるだろう。この塚は「耳塚（鼻塚）」であり、朝鮮人の耳鼻が大量に埋まっているのである。

手柄の証とした敵将の耳と鼻

関東の北条家を滅ぼして天下を統一した秀吉は、次の制圧目標を明国と定めた。その手始めとして朝鮮半島への侵攻を開始。この侵攻が、1592年から始まった「文《ぶん》禄《ろく》・慶長《けいちょう》の役」だ。

秀吉軍は序盤こそ優位に立ったが、明軍の加勢や民衆の反乱、厳しい気候や風土病、朝鮮水軍による補給路の遮断などで、何年も苦戦することになる。それでも、戦場では武将たちが朝鮮人を討ち取り、その数を競っていた。豊国神社近くの耳塚に埋められたのは、この出兵で討ち取られた人々の耳や鼻である。

戦国武将が討ち取った敵将の首で手柄を競っていたことは有名だが、首が傷つきすぎていたり、本拠地から離れすぎていたりした場合は、耳や鼻を代用にすることも多かった。朝鮮出兵でも、首の大量輸送が難しいということで、秀吉は鼻や耳を送るように命令したというわけだ。参戦した武将の本山安政が「秀吉様の命で男、女、赤子をもなで切りにして鼻を削いだ」と記録しているように、一般人の耳鼻を削ぐ武将もいたようだ。こうした耳鼻を、武将たちは塩漬けにして日本に送っている。

かつては耳鼻削ぎの刑があった

ただし、耳や鼻を削ぐという行為がされたのは、何も朝鮮出兵が初めてではない。元々日本では、罪を犯せば耳鼻削ぎの刑に処されることがあったのである。

現在の価値観からすれば残忍だが、意外なことにこの刑罰は、「寛大な」処置として実施されていたようだ。中世において耳鼻削ぎの刑に処されたのは、女性が多かった。正確にいえば、本来なら死刑になるほどの罪を犯した女性である。しかし、命を取るのは忍びないということで、減刑されて耳や鼻が削がれたのだ。

女性と同じように耳鼻削ぎの刑に減刑されたのは、僧侶や乞食など、いわば一般男性とは異なる立場の人だった。しかし、江戸時代になると耳鼻削ぎの刑は見せしめとしての側面が強くなる。お上は残忍な刑罰を人々に晒すことで震えあがらせ、治安を維持するようになったのである。

朝鮮出兵において行われた耳鼻削ぎは、いわば戦勝報告が目的だったが、そのままにしてはあんまりだと豊臣政権内でも認識されていたのだろう、１５９７年、犠牲者の供養を目的として耳塚がつくられた。

外国人観光客が増えた現在では、塚を訪れる中韓の旅行者も増えているという。一見、なんてことはない塚だが、そこには、血なまぐさい歴史の記憶が留められているのである。

31・天狗が大火災を起こしたと伝わる愛宕神社

信仰の山に住む大天狗

山は人間に自然の恵みをもたらし、ときには命を奪う、畏れ多き場所である。そんな場所を古代の人々は聖なる地と考え、信仰の場として敬った。奈良県にある三輪山《みわやま》のように、山全体がご神体として信仰されるケースもある。

京都市右京区の北西部にある愛宕山《あたごやま》も、そんな信仰の場の一つ。頂にある愛宕神社は、全国に900社以上ある愛宕信仰の総本社である。この愛宕神社こそ、修験道の聖地であり、神聖な場でありながら妖異な場として畏れられた、異界だった。

愛宕神社のルーツは、修験道の創始者・役小角《えんのおづぬ》が愛宕山に作った廟にあるという。8世紀後半以降になると仏教の要素が取り入れられ、神社を含めた愛宕山一帯が山伏《やまぶし》の集まる地として、信仰を集めるようになった。

現在では滅多に見かけることができないが、明治時代以前の日本においては、日本全国の山々を歩き回って自然の神秘と触れ合った山伏が大勢いた。現在でも、奈良県の大峯山《おおみねさん》や和歌山県や三重県の熊野、東京都の高尾山などは、山伏の聖地としてその伝統を受け継いでいる。

修行に一心不乱に打ち込む山伏は、その存在自体が神秘的だととらえられることもあったようだ。呪文を唱えることで長寿や病気平癒を祈ることもあれば、雨を降らせて田畑に恵みをもたらしてほしいと自然に呼びかけることもあった。

京都市にある愛宕山の参道

そして不思議なイメージが、ある妖怪と結びついていく。それが天狗《てんぐ》だ。

天狗といえば、真っ赤な顔に高すぎる鼻、巨大な団扇を片手に背中の翼で飛び回る姿でお馴染みだ。不吉な流星を示す中国の用語だったが、日本に伝来すると別の見方も生まれた。怨霊や堕落した僧侶の転生した姿だと信じられるようになったのだ。それがやがては修験道と習合し、山の神や精霊の化身と考えられるようになった。

確かに、天狗がよく着る修行者風の衣装は、山伏の服装そのものである。日本神話の猿田彦《さるたひこ》神がその正体とする説もあることから、日本の神と最も繋がりの深い妖怪だと言える。

京都を焼き払った天狗の元締め

愛宕山に天狗が住むという伝承は、すでに平安時代から語られていた。『源平盛衰記』には、愛宕山に住むとされる太郎坊天狗のエピソードが収められている。太郎坊は天狗の元締めともいわれ、強大無比な力を有すると言われている。その太郎坊が、ある事件を起こしたのだ。

その事件というのが、1177年に京で起きた、大規模な火災である。民家から発生した火は強風に煽られ瞬く間に京中へと燃え広がり、天皇のいる大内裏を含む街の半分を焼き払ったのである。

火災が鎮火すると、貴族たちは原因を探るべく陰陽師《おんみょうじ》に占いを依頼した。その結果、大火災を起こしたのが、愛宕山の天狗だとわかったわけだ。京の人々は天狗の力に恐れおののき、この火災を「太郎焼亡《たろうしょうぼう》」と呼んで畏怖したという。

もちろん、火災が天狗によって起こされたというのは、『源平盛衰記』の作者の創作だろう。だが、火災自体が本当に起きたことは、貴族の日記などで確認されている。

火災が天狗の仕業だと考えられたのは、山伏のイメージが影響しているのかもしれない。山伏は元々、修行や儀式において火を用いることが多かったからである。

平安時代の呪術において、火は邪を払うと信じられ、様々な儀式に用いられていた。火を焚いてその前で呪文を唱える、護摩祈祷をイメージしてもらうとわかりやすいだろう。

だが、日本の家屋は木造建築である。建物や調度品を燃やし、時には人の命を奪うこともあった。そんな恐ろしいイメージが山伏を連想させ、さらに天狗のイメージにも影響を与えたとしても、おかしくはない。

32・あの世とこの世を結ぶ琵琶法師がいた神社

あの世とこの世を橋渡しする琵琶法師

『平家物語』の弾き手としても知られる琵琶法師《びわほうし》。琵琶を弾くのは、主に盲目の僧侶や身分の低い僧侶で、彼等は物語の弾き語りや演奏によって、日銭を稼いでいたという。

それだけ聞くと貧しい芸能者を思わせるが、意外にも、琵琶法師は平安貴族や権力者に重用されていた。なぜなら、琵琶法師はあの世とこの世の橋渡し役だと信じられていたからだ。

平安時代において、音楽を奏でる場面というのは、宗教儀礼をおいて他になかった。平安時代の朝廷の儀式を調べれば、中国由来の儀式と共に、自然信仰がベースの儀式が見つかるはずだ。そんな環境であれば、音楽の演奏と自然の神秘が結びついて考えられるようになるのは、当然である。

華やかな朝廷儀式は専門の雅楽集団が担う一方、琵琶法師は生や死といった、神秘的な儀式の担い手となった。怪談話で有名な耳なし芳一が琵琶法師という設定になっているのも、死者の世界と関係があると考えられていたからだろう。

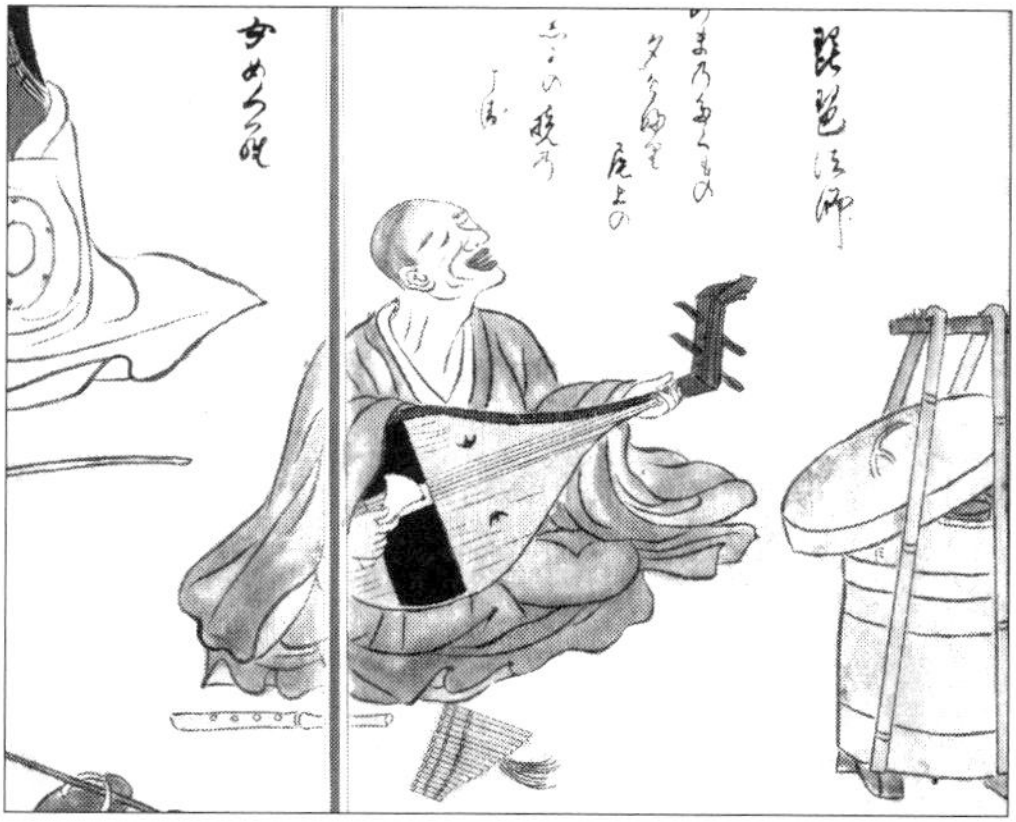

琵琶法師（『職人歌合画本』国会図書館所蔵）

琵琶法師と神社

そんな琵琶法師と縁の深い神社が、滋賀県大津市の蝉丸《せみまる》神社だ。

蝉丸神社は８２２年、逢坂山《おうさかやま》の周辺に貴族によって建てられた上社と下社がそのルーツである。当初の祭神は旅人を守護する猿田彦《さるたひこ》とトヨタマビメだったが、平安時代中期になると、蝉丸という琵琶法師が合祀されている。この蝉丸が、神社の名前の由来である。

なぜ僧侶が神社に祀られるのかと疑問に思うかもしれないが、明治時代以前には仏と神が同じ存在だと思われていたため、僧侶を祀る神社もあれば、神を祀る寺も普通にあった。

ただ、蝉丸の場合は僧侶だったから祀られたわけではない。琵琶法師という生と死の境にある存在だったからこそ、蝉丸は当地に祀られたのである。

蝉丸個人の実像は、よくわかっていない。歌人でもあり、「百人一首」にも歌が収載されているが、出身地や生年月日は一切不明。琵琶法師としての詳しい活動内容もわかっていない。盲目で追放された皇族という説もあるが、『今昔物語集』などの説話や謡曲から広まった話なので、詳しいことは不明だ。

百人一首でも有名な蝉丸の歌

元々逢坂山は、琵琶法師がよく集まる場所だった。一説には、盲目者の集落があったとされる。そんな不便な場所に集落を築いたのはなぜか、疑問に思う人もいるかもしれない。これに対して、中世日本における峠は、異世界とこの世の境目だとみなされていたという説がある。人の暮らす環境にいることができず、かといって死ぬことはできない。そんな、共同体から追放された者が集まる、一種の忌み地だったと考えられる。まさに、現世と常世の仲介者である琵琶法師の世界である。集まったというよりは、居場所を失った人々が最後にたどり着く場所が、峠をはじめとした境界だったと言えるかもしれない。

この逢坂山の集落に蝉丸がいたかは定かでないが、蝉丸が逢坂山に思い入れがあったのは確かだろう。百人一首に残されている蝉丸の和歌は、逢坂の地を歌っているからだ。

「これやこの　行くも帰るもわかれては　知るも知らぬも逢坂の関」

これが有名な、都から旅立つ人も帰る人も、知っている人も知らない人も出会いと別れを繰り返す、逢坂の関なのです――。

そのような逢坂への思いと彼自身の評判が一人歩きを続け、蝉丸は神格化されたのかもしれない。

朝廷が正式に蝉丸の合祀を認めたのは、９７１年のこと。現在では芸能の神として上下社で信仰を集めている。

33・橋姫神社に伝わる嫉妬の鬼の伝説

嫉妬に狂って鬼となった貴族の娘

嫉妬というのは厄介なもので、妬みから恐ろしい行動に移る話は世界中にある。京都府宇治市の橋姫《はしひめ》神社にも、嫉妬により生まれたという妖怪の伝承が残っている。祭神は水神とされる瀬織津姫《せおりつひめ》だが、この神社では嫉妬の妖怪・橋姫と同一視されている。

『平家物語』や神道講釈書の『艶道通鑑《えんどうつがん》』に記された伝承には、こうある。

かつて宇治橋の近くに貴族の男女がいた。二人は将来を誓い合っていたが、あるとき男は別の女とねんごろになったため、婚約の解消を女に告げた。裏切られた女は心の底から嘆き悲しみ、嫉妬心を燃え上がらせていく。

女は復讐を画策して貴船神社に幾日も丑の刻参りを続けた。すると、目の前に貴船の神が現れ、こう言った。「宇治川に21日身を浸せ」。それに従い宇治川に沈んでいくと、女は鬼へと変身。まず浮気相手を呪い殺し、次いで男とその一族をまとめて呪殺した。

嫉妬の妖怪橋姫とゆかりが深い橋姫神社

事件を知った人々はあまりの嫉妬心に恐れおののき、女を宇治橋に祀って怒りを鎮めようとしたという。この女こそが橋姫である。

いまも残るジェラシーのパワー

事件の後日談を書く書物もある。『御伽草子《おとぎぞうし》』では、橋姫は安倍晴明《あべのせいめい》に懲らしめられたが、なおも悪事を続けていたので渡辺綱《わたなべのつな》と坂田金時《さかたのきんとき》に討伐された。すると橋姫は「もう悪事は働きません」と言い残し、宇治川に身を投げたとされている。このあとに清明が橋姫を哀れんで建てた社が、後の橋姫神社だという。

そんな橋姫だが、現在では縁切りの神様として人気を集めているという。神となっても嫉妬のパワーは健在のようだ。

出雲の神々を描いた錦絵。日本神話において、出雲の神々は元々の地上の支配者として描かれている。その背景として、ヤマト王権と出雲勢力の抗争の歴史があったという指摘がある（三代歌川豊国「出雲国大社八百万神達縁結絵図」部分）

第四章

神話に秘められた天皇家の危うい歴史

34・アマテラスへの裏切りは政権の内紛を表す？

天津神への国譲り

日本神話では、かつての地上の支配者は、オオクニヌシを筆頭とする国津神《くにつかみ》だったと語られている。オオクニヌシは、三貴子の一柱スサノオの血族である。人々に技術や知識を伝え、平和をもたらし、出雲に君臨していた。その治世は人も神も分け隔てない平等な世界だったという。

しかし、この平穏は突如として破られた。アマテラスをはじめとする高天原《たかまがはら》の天津《あまつ》神《かみ》が、地上の統治権を譲るよう迫ってきたのである。

天津神からすれば、神が人と区別されていない地上は、統治者を蔑《ないがし》ろにする無法地帯でしかなかった。そこで、世界を正しく導くため、アマテラスは国津神に葦原《あしはら》中《なかつ》国《くに》（地上）の支配権を譲らせようとしたのである。

結果から言えば、オオクニヌシは最終的に天津神に屈し、地上の支配権を譲ってい

オオクニヌシへの刺客を誰にするか話し合う天津神たち（『地神五代記』国会図書館所蔵）

る。だが、天界と地上の交渉は、決してスムーズには進んでいなかった。アマテラスは交渉の過程で二度も仲間に裏切られ、天津神同士の戦いまで起きていたのだ。

高天原を裏切った最高神の息子

地上の支配を決めたアマテラスは、まずは長男の天忍《あめのおし》穂《ほ》耳《みみ》命（以下オシホミミ）を使者として派遣しようとした。

「幾千年も続く豊葦原《とよあしはら》の国は我が子が統治すべきだ」と詔《みことのり》を発して、息子を送り出したアマテラス。しかし、オシホミミは「地上はあまりに騒がしすぎるので降りたくない」と地上に降りる途中で引き返してしまった。

帰ってきた長男に失望したアマテラスは、世界を創った造化三神の一柱、タカミムスビと共同で、八百万の神々を集めて後任の使者を決める協議を開いた。白羽の矢が立ったのは、アマテラスの次男・天菩比命《あめのほひ》（以下アメノホヒ）である。

このアメノホヒは、スサノオとも関係の深い神だった。スサノオがアマテラスと高天原入りをかけて行った、うけいで生まれた神の一柱なのだ。知の神・思金神《おもいかねのかみ》からも太鼓判を押され、地上へと送り出されたアメノホヒ。オシホミミとは違って地上までは降りたようだが、それっきり連絡が途絶えてしまった。

不思議に思って地上を見下ろしたアマテラスは、驚愕すべきものを見た。アメノホヒは地上との交渉を勝手に打ち切り、オオクニヌシの配下として地上に定住していたのである。

当初、地上に降りたアメノホヒはオオクニヌシとの交渉に挑んでいた。しかし、オオクニヌシの器量に圧倒されて、国津神の仲間になってしまったのだ。アマテラスからすれば裏切りに他ならないが、アメノホヒは特に罰せられることもなく、3年間を地上で過ごしたのだった。結局、高天原はまた別の使者を用意せざるを得なくなった。

天津神同士の抗争

長男、次男の失敗ののちにアマテラスが次に頼ったのは、天若日子《あめのわかひこ》（以下アメノワカヒコ）だった。アマテラスの血族ではないが、高天原の魂を司る天津国玉神《あまつくにたま》の息子である。「天上の若者」を意味する名前に恥じない美丈夫《びじょうふ》で、血筋も申し分ない。思金神も使者に相応しいと推したことで、アマテラスは天の弓矢を与えて地上へと向かわせた。

だが、息子たちと同じく、アメノワカヒコもアマテラスの期待に応えることができなかった。アメノホヒと同じく地上へ降りても高天原へ何の連絡もせず、あろうことかオオクニヌシの器量に呑まれ、その娘の下照比売《したてるひめ》と結婚していたのである。

アマテラスは辛抱強く待っていたが、8年が経ったころに痺《しび》れを切らし、詰問の使者として雉《きじ》をアメノワカヒコのもとへ遣わした。

雉はアメノワカヒコを問い詰めたが、その答えを聞くことはなかった。雉は不吉な鳥だからとそそのかす天探女《あめのさぐめ》を信じたアメノワカヒコによって、天の弓矢で射殺《いころ》されてしまったのだ。

アメノワカヒコが放った矢は、アマテラスとタカミムスビのもとにまで届いた。激怒した二柱は地上への穴を開け、タカミムスビは雉の血に濡れた矢をアメノワカヒコに投げつけた。

「あやつが使命に背かず、悪しき神を倒した矢であるならば当たらぬ。だが邪心によって放たれた矢ならば、あやつに災いを」

そう宣言されて放たれた矢は真っ直ぐにアメノワカヒコの元へと飛び、その胸を貫いたのだった。

その後、地上との交渉がタケミカヅチにゆだねられると、オオクニヌシの息子である事代主《ことしろぬし》との和睦に成功。オオクニヌシのもう一人の息子、健御名方《たけみなかた》との力比べにも勝ったことから、アマテラスはようやく地上の支配権を手にすることができた。

ヤマト王権の内紛を示す

こうしたエピソードからわかるとおり、天津神は地上を支配するまでに、随分まどろっこしい手順を踏んでいる。その理由は、国譲りの神話はヤマト王権が出雲王朝を支配するまでの経緯を表しているからだといわれている。アマテラスへの裏切りが頻出するのも、ヤマト王権から出雲国へ寝返った者がいたことを意味しているのだろう。

出雲王朝は大陸との交流が盛んで進んだ技術を有し、ヤマト王権に匹敵する巨大勢力だったと考えられている。最終的にはヤマト王権の軍門に下ったようだが、出雲側が調略で対抗したことは、オオクニヌシが使者を煙に巻いたエピソードを踏まえれば容易に予想できる。出雲側に引き抜かれたヤマト側の人間も、何人かいただろう。このような裏切り者との争いをモチーフにしたのが、アメノワカヒコのエピソードだと考えられる。

オオクニヌシとの争いを終えると、地上にはアマテラスの孫ニニギが送り出された。このニニギの子孫が天皇家の礎を築いていくのだが、東方には天津神に従わない神々もまだ多く、天皇家は敵対勢力の平定に苦しむことになる。ここにも、ヤマト王権が支配権を拡大するまでの争いの歴史が、反映されているのかもしれない。

35・政治闘争で抹消された？　影が薄い月の神

軽んじられる「三貴子」の一柱

『古事記』や『日本書紀』がつくられたのは、豪族間でバラバラだった歴史書をまとめ、真実の記録を後世に残すためである。だが「記紀」編纂の裏には、アマテラスを氏神とする皇室の日本支配を正当化するという政治的な目的もあった。そうした政治的な理由によって抹消されたと解釈されている神も存在する。アマテラスの姉弟神である月の神・月読命《つくよみ》（以下ツクヨミ）である。

世界の神話を見渡すと、太陽神と月神は、対の存在として位置付けられることが多い。ツクヨミもアマテラスとほぼ同時に生まれた神である。黄泉比良坂《よもつひらさか》から逃げ帰ったイザナギが禊《みそぎ》をしたときに、ツクヨミは右目から、アマテラスは左目から誕生した（なお、このとき鼻から生まれたのがスサノオ）。

実際、生をうけたツクヨミは、イザナギの命令で夜の世界を治めることになる。こ

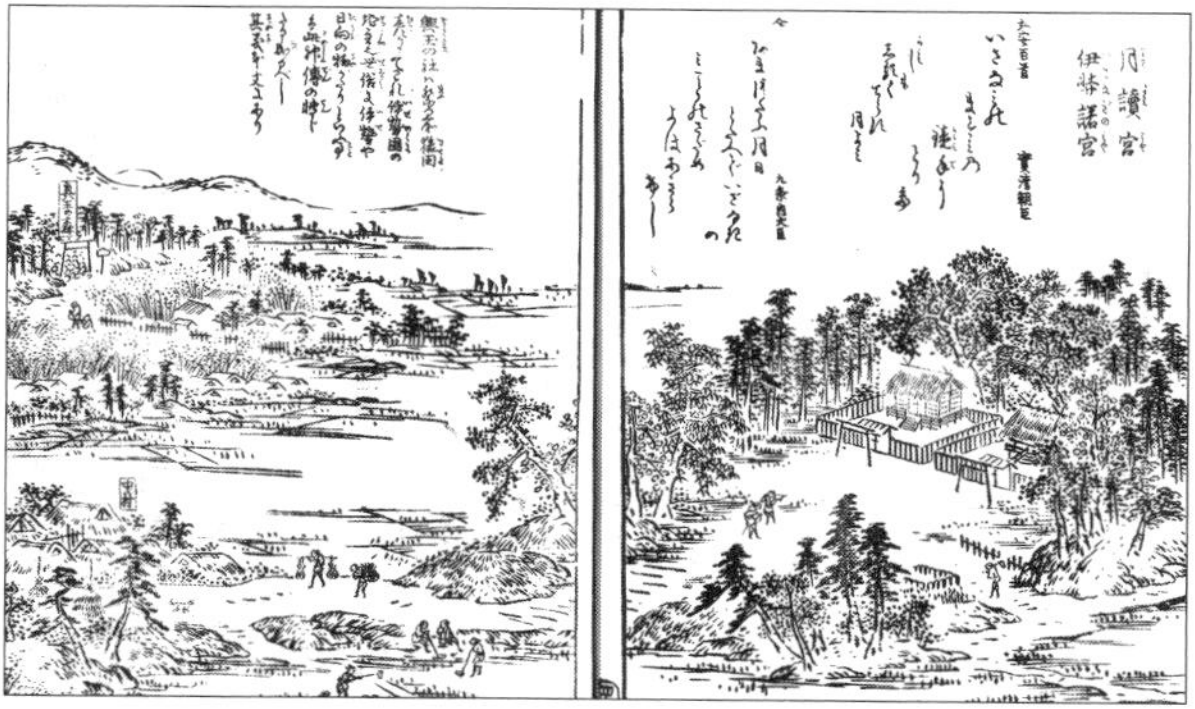

ツクヨミを祀る月読宮（『伊勢参宮名所図会』国会図書館所蔵）

れに補足するかたちで、『日本書紀』では、食物の神を斬り殺したことがアマテラスに知られ、ツクヨミとアマテラスが決別したことで世界に昼と夜ができた、という記述がある。

だが、ツクヨミの活躍はここで終わる。アマテラスの弟であればさらに活躍してもいいはずだが、この事件以降に『日本書紀』に登場するのは、自分を祀る神社創建のお告げをしたくらいである。『古事記』にいたっては、初登場以降は名前すらほぼ出てこない。

考えてみると、これは不思議なことである。古代は月の動きで暦を定める太陰暦を採用していた。月の動きを読むことは、季節の巡りを知るためにとても重要なことである。にもかかわらず、月の神への信仰は高まらず、弟の荒神スサノオの方が広く信仰されている。

スサノオを祭神の一柱とする神社は全国に約5800社あるのに対して、ツクヨミを祭神としている神社は、一説にはわずか85社。その半分以上の神社が創建後に追加で合祀したもので、月の神由来の祭礼もほとんど存在しない。

天武系と天智系の確執

なぜツクヨミはここまで存在感が薄いのか? もちろん、スサノオやその他の神よりも目立たなかったという単純な理由なのかもしれない。だが、「権力者によって存在を抹消された」という可能性もゼロではない。

『古事記』『日本書紀』の編纂を命じたのは、内乱に勝利して皇位に就いた天武《てんむ》天皇である。672年に起きた壬申《じんしん》の乱で大友《おおとも》皇子を倒したことにより、天武天皇が朝廷を支配することになった。

実は天武天皇は、「天文遁甲《てんもんとんこう》」という占星術に秀でており、「占星台」という原始的な天文台を設置していた。古代における天文台の役目といえば、星や月の動きから吉兆を占うことである。天皇自身が星や月との特別な繋がりをもっていたわけだ。

元正天皇以降の5代の間は、天武天皇の直系の子孫が皇位に就いていた。しかし、49代の光仁《こうにん》天皇は天智《てんじ》天皇の孫である。天武天皇が即位するまでは天智系が権力を握っており、この光仁天皇の即位によって、天武系に奪われていた権力を天智系が奪還したことになる。

では、権力を取り戻した天智系の勢力は何を行ったのか？　それは、前政権の否定である。

たとえば光仁天皇の息子である桓武天皇は794年に平安京へ遷都しているが、その理由は天武系勢力の影響から朝廷を切り離すためだったという説がある。天皇と関係の深いツクヨミの存在感が薄いのも、そうした天智系による逆襲で記録が消されたというわけだ。

この説には史料による根拠はないため、あくまで推測の域を出ない。だが、このぐらいの説明がないと腑《ふ》に落ちないと思うぐらい、ツクヨミの存在は謎に包まれている。古代においては特別な存在だったのかもしれないが、実態はどうだったのだろうか。

36・ヤマトタケルの横暴に秘められた古の儀式

少年時代の兄殺し

日本神話最大の英雄は誰か？　その問いに、日本武尊《やまとたけるのみこと》（以下ヤマトタケル）の名を思い浮かべる人は少なくないだろう。

天皇の子という高い身分でありながら自ら剣を振るい、各地の豪族を次々と打ち破る。まさにヒーローそのものである。腕力が強いだけでなく、敵から火攻めを受けた際には、迎え火で反撃するなど知勇を兼ね備えた豪傑でもある。道半ばで倒れ、最期は白鳥となって天を翔《か》けていくという悲劇的な結末も、人々に語り継がれる一因であると言えるだろう。ところがそんな英雄譚とは裏腹に、とてもヒーローとは呼べない卑劣な面も持ち合わせていた。

ヤマトタケルは、12代景行《けいこう》天皇の皇子として生まれた。幼少時の呼び名は小碓命《おうす》。年の離れた兄・大碓命《おおうす》がいたのだが、なんとこの兄を、小碓は惨殺しているのだ。

英雄として知られるヤマトタケルだが、日本神話には残忍な描写が目立つ（『国史画帖 大和桜』）

事の経緯はこうだ。あるとき、大碓が食事の席に出ない日が続いていた。不審に思った景行天皇は小碓に「大碓をねぎらって顔を出すように諭しなさい」と命じた。

実は大碓は景行天皇に献上する予定だった美女二人を自分の妻にし、父には替え玉を差し出していた。そのことで、大碓は父と顔を合わせづらかった。

しかし、兄が姿を見せなかったのは、それだけが理由ではなかった。数日経っても大碓は顔を出さなかったため、天皇は再度、小碓に大碓の様子をたずねた。すると小碓は、「兄ならすでにねぎらいました」と答えた。天皇が「どのようにねぎらったのか」と聞くと、「厠で掴み潰した後、手足をちぎり筵《むしろ》に包んで投げ捨てました」と何ら悪びれることなく兄の殺害を報告したのだ。

女装で騙し遺体を八つ裂きに

当然ながら、景行天皇は我が子の行状に震え上がった。そこで小碓の追放を画策すると、口実として小碓に熊襲《くまそ》の討伐を命じた。熊襲とは南九州を拠点とする豪族たちで、たびたび朝廷に反旗を翻していた。

熊襲の拠点は、朝廷のあった大和からみれば遠い辺境の地である。都から遠く離れ、文化も異なる人々の暮らす地。小碓を遠ざけるにはもってこいの場所で、しかも首領の熊襲建《くまそたける》（以下クマソタケル）兄弟は歴戦の強者である。小碓が彼らと戦い戦死すれば、手を汚さず息子の始末もできる――。景行天皇には、そんな思惑があったのかもしれない。

長旅の末、小碓は熊襲に到着した。敵が宴会を催していることを知った小碓は、その場に向かうことを決める。英雄らしく正面から敵を蹴散《けち》らしたと言いたいところだが、小碓は正体がばれないよう、女性に扮して兄のクマソタケルに近づき、酌《しゃく》をした。そして散々酔わせて油断させると、隠し持っていた短剣で一気に刺し殺したのである。

突然の事態に弟のクマソタケルは逃げ出したが、小碓は後を追い、尻に短剣を突き刺した。息も絶え絶えのクマソタケル弟であったが、小碓を天皇の皇子だと知ると、その勇敢さを称え、「タケル」の名を譲りたいと申し出た。この名を冠して小碓はヤマトタケルを名乗ることになる。

だが、ヤマトタケルは兄大碓の殺害時同様、残忍な行動に出た。すでに絶命しているクマソタケル兄弟の亡骸を「熟れた瓜を刻むように」、剣で八つ裂きにしていったのだ。

あまりにも非道な仕打ちだが、この行為には「死者の復活を阻止する」目的があったとも考えられている。

古代は、死者の蘇りが信じられていた時代である。単に敵を殺しただけでは命が復活し、復讐される恐れがある。それを防ぐためには、殺害した肉体をさらに解体する必要があった。そうした価値観がこの神話にも反映されているのではないか、というわけだ。兄やクマソタケル兄弟の遺体をバラバラにすることで、自分の身を守ろうとした――。身内による裏切りや敵対勢力の脅威が身近にあったからこそ、そんな風習が生まれたのかもしれない。

37・ヤマトタケルからみる古代人の死生観

友情を利用した卑怯な戦法

熊襲《くまそ》の征伐を終えたヤマトタケルは、次の標的として出雲地方を選んだ。出雲は朝鮮半島や中国大陸と交流していた、古代日本の先進地域である。日本神話でも、重要地域としてたびたび戦いの舞台になっている。

この地でヤマトタケルは朝廷に弓引く勢力の首領・出雲建《いずもたける》（以下イズモタケル）と対決することになるのだが、その戦術も正々堂々としたものではなかった。

まず、ヤマトタケルはイズモタケルと親交を結ぼうとした。武勇に優れた者同士通じるものがあったのか、彼らはすぐに打ち解けた。

ある日、ヤマトタケルはイズモタケルに剣術の稽古を申し出た。このとき、ヤマトタケルは「互いの太刀《たち》を交換しよう」と持ちかけている。ヤマトタケルを信頼していたイズモタケルは、不審に思うことなくその提案を承諾。ところが、これはヤマトタ

奈良県御所市にある白鳥陵。ヤマトタケルの墳墓だとされている。宮内庁はこの他に2カ所をヤマトタケルの墳墓候補だとしている

ケルの罠であった。ヤマトタケルは、事前に自身の太刀を鞘《さや》から抜けないよう細工をしておいたのだ。

イズモタケルが刀の異変に気付いたときにはすでに手遅れで、反撃を封じられた出雲の勇者は、ヤマトタケルに斬り殺されたのである。

勝てば手段は問われない？

女装といい、騙し討ちといい、ヤマトタケルの手口はあまりに狡猾《こうかつ》だ。なぜ皇族であるはずの人物が、このような悪辣《あくらつ》な振る舞いをするのだろうか？

現代人の価値観からすると、ヤマトタケルの策略は卑怯そのものだ。しかし、それはあくまで現代人の価値観であり、古代の人々が同じように感じていたわけではない。生死を賭けた戦いに勝利するために、古代の人々は卑怯な戦術も厭わなかった。むしろ、敵を打ち倒しさえすれば「知恵の表れ」として賞賛されていたようだ。物語に策略を用いるシーンが挿入されたのも、「朝廷側の人間のほうが土着の勢力より圧倒的に知略が優れている」ことを強調する狙いがあったとされる。

また、イヅモタケルを倒した後、ヤマトタケルは歌を詠んでいる。

「やつめさす　イヅモタケルが　はける太刀　黒葛《つづら》さは巻き　さ身無しにあはれ」

（猛々しいイヅモタケルの刀は、つづらで巻かれ立派に見えるが、肝心の刀身がない。実に滑稽だ）

ご覧いただくとわかるように、徹底的に相手を貶める内容だ。この歌をとってみても、敵を倒すということが、古代人にとっては情けをかけてはいけない、非情な行動だったことがわかる。

それに古代の人々にとって、和歌が感情的になるのは仕方がなかった。当時の日本には、文字といえば外国語である漢字しかなく、日本人同士が話す言葉を書き言葉として表現することは難しかった。感情を表現するツールは、和歌しかなかったのである。

平安時代の和歌集『古今和歌集』の序に「やまとうたは、人のこころをたねとして、よろづのことのはとぞなれりける」とあるように、和歌は人の感情から生まれ、様々な言葉を生み出すものだ。感情の表現手段が限られていた時代だったからこそ、ヤマトタケルの歌に敵を倒した喜びがストレートに表れているのかもしれない。

ヤマトタケルの最期

熊襲兄弟を倒し、出雲の強敵も制圧したヤマトタケル。だが、快進撃にも終止符が打たれるときがきた。

東国を制したヤマトタケルは、近江国（滋賀県）伊服岐の山（伊吹山《いぶきやま》）の神の退治へ向かった。その道中、巨大な白い猪に遭遇すると、ヤマトタケルはこれを神の使いだと思い、「神を倒した後で殺してやる」「神など素手で十分倒すことができる」と挑発した。ところが、この猪こそが山の神で、侮《あなど》られたことに激怒した神は天から毒気の混じった雹《ひょう》を降らせた。これが原因でヤマトタケルは衰弱し、命を落としてしまうのである。智謀《ちぼう》に長けた英雄も、最後は己の慢心によって身を滅ぼすのであった。

38・もう一つの天孫降臨に関係する有力豪族

もう一つの天孫降臨

日本神話には多くの神が現れるが、なかには変わった登場の仕方をする神もいる。それが饒速日《にぎはやひ》命（以下ニギハヤヒ）である。ニギハヤヒはニニギ同様、高天原から地上に降り立った神なのだが、天から地上に降り立った際、不思議な飛行物体に乗っていたのだ。

『日本書紀』や平安時代初期に編纂されたとされる『先代旧事本紀《せんだいくじほんぎ》』によると、ニギハヤヒは大空をめぐりながらこの国を見て降りたという。そしてその際、「天磐船《あめのいわふね》」という物体に乗っていたとの記述がある。天磐船は天之浮船《あめのうきふね》や天鳥船《あめのとりふね》などの異名を持ち、天空を自在に飛ぶことができたようだ。まるでUFOのような船である。

「記紀」の全編を通じても「空を飛んで出現する」神はニギハヤヒだけだ。天磐船のように飛行する乗り物も、他に例がない。ヤマト王権にとって、ニギハヤヒがかなり

ニギハヤヒの子孫と伝わる物部氏のうち、尾輿（左）とその息子守屋（右）。軍事を司る豪族としてヤマト王権で活躍した

特別な存在だったと推測できる。

実際、ニギハヤヒは河内《かわち》国（大阪府）に降臨すると、そこから大和国（奈良県）へ移動し、やがて地元の豪族を従えて大和の統治者となったという。

そんな大和の地へ向かったのが、ニニギの曾孫イワレビコである。イワレビコは東方に美しい土地があることを知ると、そこに都を造ることを決意して出征。一族を引き連れ、日向から大和へと向かった。いわゆる神武東征である。

配下を切り捨て、国を譲るニギハヤヒ

イワレビコ一行は、難波（大阪府）から大和入りを目指したが、そこには強大な敵・長《なが》

髄彦《すねひこ》が立ちはだかっていた。長髄彦は別名を登美毘古《とみびこ》といい、奈良北西部の登美に拠点を置いた豪族であったと目されている。この長髄彦の主君がニギハヤヒである。

イワレビコは長髄彦との戦いに敗れ、難波からヤマトに入るのを断念。大阪湾を下って太平洋に出て、熊野から紀伊山地を越え、ヤマトに入るルートに変更している。

しかし、ニギハヤヒはヤマトに入ったイワレビコと対面すると、自分と同じ天津神の子と認め、あっさりと恭順の意を示した。さらに配下で妻の兄である長髄彦を処刑し、領地を差し出している。このニギハヤヒの降伏によって、イワレビコの東征は実を結ぶことになった。

『先代旧事本紀』にはその後の顛末《てんまつ》も記されている。ニギハヤヒはイワレビコに帰順する際、沖津鏡《おきつかがみ》や八握剣《やつかのつるぎ》、死返玉《まかるかえしのたま》などの神宝「天璽瑞宝十種《あまつしるしみずたからとくさ》」を献上したというのだ。これらはニギハヤヒがアマテラスから授かったと伝わる神宝で、死者を蘇らせることができたと伝えられている。

なぜニギハヤヒは、これほど簡単にイワレビコの軍門に下ったのだろうか。それは、古代の豪族・物部氏《もののべ》と天皇家との関係から説明できる。

物部氏は、ニギハヤヒの末裔とされる氏族である。ヤマト朝廷で祭祀や軍事などの要職を担った、有力豪族だ。もし、物部氏の先祖と天皇家の先祖が過去に戦っていたとしたら、どうだろう。一族の祖神が天皇家と争ったような記録を残されるのは、都合が悪いと考えたのではないだろうか。

もしくは、「天皇家の祖先を苦しめることができるほど物部氏の祖先は秀でていた」というエピソードを強調できれば、あとのエピソードがどうなろうと、大きなこだわりはなかったのかもしれない。いずれにせよ、ヤマト王権における物部氏の影響力がいかに大きかったかが垣間見える。

ところで、天磐船とはどのような物体であったのか。実はその天磐船を御神体とする神社が、大阪府にある。それが交野《かたの》市に鎮座する磐船神社で、祀られているのは高さ約12メートルの巨大な舟形の岩石だ。神社の伝承によると、ニギハヤヒがこの地に降臨した際、船が岩に姿を変えて神格化したという。

実は交野の地は、肩野物部氏という物部氏の一族が治めた土地である。だからこそ、彼らは祖先神であるニギハヤヒを祀っていた。そうした同族信仰とこの地で信仰されていた磐座《いわくら》への信仰が習合して、天磐船を祀る伝統が生まれたのかもしれない。

39・大悪天皇と酷評された雄略天皇

大悪と呼ばれた天皇

神話や伝承で語られる天皇の中には、非現実的な描かれ方をしていたり、実在を示す証拠が乏しかったりする人物が少なくない。16代仁徳《にんとく》天皇以前の天皇は、そのほとんどが架空の人物であるともいわれている。

しかし、そのような古代天皇の中でも、実在がほぼ確実視されている天皇がいる。21代雄略《ゆうりゃく》天皇だ。

高校の日本史の教科書では、「中国の史書に登場する倭王武《ぶ》＝雄略天皇」だと教えている。「讃《さん》・珍《ちん》・済《せい》・興《こう》・武」という、五人の倭王の最後の人物である。いずれの王も、中国の南朝に朝貢して当時対立していた朝鮮半島の高句麗《こうくり》や新羅《しらぎ》よりも優位に立とうとしていた。

しかし、こうした当時の政治状況を知っていても、雄略天皇の実像となると、あま

猪を狩る雄略天皇（安達吟光・画）

り知られていないのではないだろうか。

　名前から勇猛な英雄像をイメージするかもしれないが、「記紀」が語るのは、恐ろしい姿の雄略天皇である。『日本書紀』では「大《はなは》だ悪《あ》しくまします天皇なり」と、まるで暴君のように記録しているのだ。

　皇后を迎えに行く道中で屋根に堅木をつけた家を「天皇の宮殿のような家を建てるとは不敬だ」として焼き討ちしようとしたり、他の男と結婚した女性をその男もろとも焼き殺したりと、暴君ぶりを表す逸話は数多い。

　脚色も多分にあるとは考えられるが、天皇家の正当性を重視する『日本書紀』でもこのように扱われるのは、雄略天皇と25代武烈《ぶれつ》天皇くらいのものだ。しかも「記紀」には、雄略天皇による大規模な兄弟殺しまで記されている。

7歳の子どもに兄を暗殺される

古代においては、血族であっても暗殺は珍しくなかった。「記紀」によると、雄略天皇の兄・安康《あんこう》天皇も、貢物に関するトラブルで弟の大草香《おおくさか》皇子を殺害。その妻を自分の正妻にし、7歳になる息子の眉輪王《まよわのおおきみ》も引き取った。

だが、眉輪王に大草香皇子殺害がばれたことで、斬殺されてしまう。7歳の子どもに暗殺ができたとは考えにくいため、実際に暗殺事件があったとすれば、もっと成長していたか、別の親族が暗殺者を使って殺したのだろう。

兄を殺された大泊瀬幼武《おおはつせわかたけ》、後の雄略天皇は大いに憤った。だが、それ以上にチャンスでもあった。安康天皇には実子がいないので、自分が皇位を継承する可能性が生まれたからだ。

問題は、安康天皇以外にも兄が二人おり、皇位継承権がある皇族も少なくなかったことだ。天皇の座に就くには、他の継承候補をどうにかして排除する必要がある。そこで大泊瀬幼武による、大規模な殺害が始まるのだった。

兄を殺し、皇族を暗殺して天皇になる

安康天皇が暗殺されると、大泊瀬幼武は早速兄二人の殺害を実行した。『古事記』と『日本書紀』で少々異なるが、大泊瀬幼武が事件後から迅速に兄の処理に動いていたことに違いはない。兄の敵である眉輪王も、大泊瀬幼武は容赦なく殺害している。

こうして兄を亡き者にした大泊瀬幼武は、最後の殺害対象を市辺押磐皇子《いちのべのおしはのみこ》に定めた。市辺押磐皇子は安康天皇の従兄弟で、男子が生まれなければ後継者になる予定だったと記されている。大泊瀬幼武が皇位を継ぐには、是が非でも消す必要があった。

大泊瀬幼武はまず、市辺押磐皇子を狩りに誘った。市辺押磐皇子はこの誘いに乗って、僅かな従者とともに狩場へと向かったが、これは皇子を誘い出すための罠だった。大泊瀬幼武は背後から市辺押磐皇子を矢で射殺し、従者も残らず斬殺。皇子の弟の御《み》馬《ま》皇子も、のちに処刑した。こうして邪魔な兄たちを全員亡き者にし、大泊瀬幼武は皇位を継承したのである。

なお、市辺押磐皇子の息子二人は粛清から逃げ延び、播磨（兵庫県）で牛飼いと馬

飼いとして潜伏して後に顕宗《けんぞう》天皇と仁賢《にんけん》天皇として即位したと「記紀」は伝えているが、史料が乏しく、二人が実在したという記述の信憑性は高くない。

暴君か、有徳の天皇か

皇位を継いだ雄略天皇が数多くの暴虐を行ったらしいことは、冒頭でも述べた。まさに暴君そのものといった横暴の数々だが、古代の人々からは、必ずしも嫌われていたわけではないようだ。

雄略天皇は、中国との関係を強化して対立する朝鮮半島諸国の優位に立とうとした他、恋愛の歌を多数詠むなど文化的な面もあった。

『万葉集』の第1巻では雄略天皇の歌が載せられているし、平安時代の説話集『日本霊異記』の第1話目も雄略天皇に関する話だ。最も興味深いのは、葛城山《かつらぎ》での神との遭遇話である。

天皇が従者たちと山を登っていると、全く同じ人数と格好の者たちが前方よりやってきた。雄略天皇が「この国に私以外の王はいない。名を名乗れ」と弓矢を構えて怒鳴ると、天皇と瓜二つの人物が「私は葛城の一言主《ひとことぬし》大神である」と名乗った。相手が神と知った天皇は慌てて謝罪して、武器と従者達の衣服を献上した。

『古事記』ではここで話は終わるが、『日本書紀』では、その後一緒に狩りを楽しんだとも書かれている。まるで天皇が改心したかのような内容である。このような人物像を表しているのか、雄略天皇には徳の高い天皇を意味する「有徳天皇」という異名もつけられている。

「記紀」は、雄略天皇が在世したとされる時代から、200年以上も後に編纂された書物である。そこに描かれた悪辣《あくらつ》な人物像が、事実に基づいているとは限らない。むしろ雄略天皇を否定したいなんらかの要因が、「記紀」成立時のヤマト王権内にあったのだろう。

中国の史料には、雄略天皇の478年の朝貢を最後に、以降100年以上の間、日本に関する記述がなくなる。この間、日本が東アジアにおいて、どのような外交を行ったかは不明である。こうした対外関係の変化が、雄略天皇の評価にも影響を与えているのかもしれない。

雄略天皇は暴君か、有徳の統治者か。目的のためなら手段を選ばない「強き王」だったことは確かなようだ。

40・軍国主義に利用された武の女神　神功皇后

戦前に敬われた伝説の皇后

現在でこそ、歴史の授業で日本神話が教えられることはないが、戦前の日本では事情が違っていた。

神道は宗教ではなく習俗とされ、神社は国家が尊ぶ対象であると認定されていた時代。教育現場では日本神話についての授業が行われ、国史（歴史の授業）においては、現在では実在が疑問視される天皇も実在の人物として教えられていた。神武天皇はその代表だが、この初代天皇に劣らないほど重視されていた人物がいる。それが、神功《じんぐう》皇后《こうごう》だ。

神功皇后は、ヤマトタケルの次男だと伝わる仲哀《ちゅうあい》天皇の妻である。現在では架空の人物であるとされているが、戦前の教科書には必ずといっていいほど登場する人物だった。１８８１年には日本初の肖像入り紙幣のモデルになるなど、国民にとっては

神功皇后による三韓征伐を描いた錦絵（「大日本史略図会」）

身近な存在だった。

しかしなぜ、家父長制が厳格な戦前において、数ある天皇・皇族を差し置き、女性である神功皇后が神格化されたのか？　それは、神功皇后のエピソードを利用したい政治勢力と軍部の影響を強く受けたからだ。

三韓征伐を成し遂げた皇后

そもそも、神功皇后とはどのような人物なのだろう？

「記紀」によると、神功皇后は9代開化《かいか》天皇の玄孫である息長宿禰《おきながのすくね》王の娘とされている。当初の名は息長帯《おきながたらし》比売命《ひめのみこと》という。誕生から結婚するまでの間には不明な点が多々あるが、一番の特徴は、巫女に似た神懸かり的な力があったということだ。その人物像には、卑弥呼にみられるような、古くから伝わるシャーマニズムが反映されているのだろう。そしてその力は、仲哀天皇と九州に赴いた時にも発揮されている。

神功皇后が夫と紀伊国（和歌山県）に滞在していたとき、都から九州の熊襲《くまそ》が納税を拒否したとの知らせが入った。熊襲とは九州の異民族で、ヤマト王権に武力をもって反抗することが幾度かあった。天皇からすれば、反抗勢力はつぶさなければいけない。天皇はすぐさま討伐の方針を固めると、訶志比宮《かしいのみや》（福岡市）にて出兵前の占いをすることにした。

ここで神を体に憑依させる神依《かみより》の役目を担ったのが、神功皇后だった。仲哀天皇が琴を弾いて呼び寄せた神が皇后の体に入ると、同行していた武内宿禰《たけのうちのすくね》がお告げを聞き出した。しかし、それは熊襲討伐と全く関係のない内容だった。

「遥か西方に多くの金銀と財宝を持った国がある。その国を手に入れよ」

天皇は「西には海しかない」と訝《いぶか》しみ、熊襲討伐を優先した。すると、討伐には成功したものの、お告げを無視した天皇は神の祟りで翌年に急死したのだ。

神功皇后の活躍は、ここから始まる。葬儀を終えて再び神降ろしをすると、今度は「この国は腹の中の子に治めさせよ」とのお告げを賜《たまわ》った。さらに神の名を尋ねると、「これはアマテラスの意思。底筒男命《そこつつのお》、中筒男命《なかつつのお》、上筒男命《うわつつのお》の神である」だという。これらは、イザナギが禊《みそぎ》をしたとき三貴子とは別に生まれた「住吉三神」と呼ばれる高位の神々だ。

神功皇后はお告げに従い、軍勢を整えて船団を進めた。すると軍は、朝鮮半島に位置する新羅《しらぎ》国の地に到着。津波とともに来航した神功皇后に恐怖し、新羅国は戦わずして降伏してしまった。

神功皇后は新羅の地で産気づくというハプニングに見舞われていたが、腰につけた石で出産を遅らせるという荒業で乗り切ると、王の宮殿前に杖を突き刺し、夢のお告げに出てきた三神を国の守護神として祀った。さらには朝鮮半島の百済《くだら》国も取り込んで、半島を事実上制圧したのだった。

これが「記紀」に記された「三韓征伐《さんかんせいばつ》」の顛末《てんまつ》だ。その後、帰国した神功皇后は忍《おし》熊《くま》皇子の反乱を鎮めて国を安定させると、100歳で崩御するまで摂政としてヤマト王権の支配に関わったという。

利用された神功皇后

このように、神功皇后は軍事的に目覚ましい活動をした人物として、「記紀」に描かれている。しかし「記紀」には、軍事的な功績を残した皇族は他にも数多く紹介されている。にもかかわらず神功皇后が戦前に脚光を浴びたのは、「三韓征伐を成し遂げた」という部分が、とても重要だったからだ。

明治維新後の日本の外交・軍事政策は、朝鮮半島を他国からの侵略への備えとすることを最優先課題としていた。日清戦争での勝利で朝鮮半島の影響力を強めると、日露戦争でロシア軍に打ち勝ち、その後まもなく朝鮮半島を併合。さらには昭和の世界恐慌から立ち直るために、中国大陸東北部へと軍を進め、事実上の植民地である満州国を建国している。日本の対外政策はその後も拡大していくが、これらの行為を国民に正当化するために利用されたのが、神功皇后の三韓征伐だった。

実際、神功皇后の神格化が加速したのは、昭和に入ってからである。三韓征伐を記した政府指定の国定教科書でも、明治と昭和とでは記述に差異がある。

１９０４年の教科書国定制度で作られた第一期教科書では、三韓征伐についてはあらすじが淡々と書かれただけだった。それが１９２７年の第三期教科書だと、「東の国に日本という神国ありて、天皇というすぐれた君いますと聞く」と、新羅王が日本に恭《うやうや》しく接する描写が追加される。そして戦中の第四期教科書では、「日本のすぐれた国がらをしたって、その後、半島から渡ってくる人々が、しだいに多くなりました。（中略）朝廷から名前や仕事や土地などをたまわり、よき日本国民になって行きました」と、まるで朝鮮の人々が自ら服従を望んだように書かれている。

１９２０年代後半からの20年間は、アジアにおける日本の軍事行動が最も盛んな時期でもある。朝鮮を制圧した逸話を強調することによって、半島の人々が元々日本の臣民だったという考えを、陸軍や右派政治家、右翼団体などは強調したかったのかもしれない。いわば武の聖母神は、日本軍の行動を正当化するために利用されたのである。

敗戦後、神話が歴史として教えられることも、政府の企みに利用されることもなくなった。しかし、数十年前の日本で信仰が軍国主義の道具にされていたことは、日本人として忘れないでおきたい。

41・出産を遅らせた不思議な石　鎮懐石

神功皇后の遠征を支えた謎の石

古来、日本ではあらゆる自然物に神が宿ると考えられていた。神が宿れば、その自然物はご神体となる。そのご神体の一つが、岩石である。日本各地の神社に行けば、石がご神体として祀られていたり、石にまつわる伝承が残されていたりすることに気が付くはずだ。そして、自然が人にとって畏怖の対象だった以上、人知の及ばぬ不思議な伝承も残っている。その一つが、「記紀」の世界に登場する「鎮懐石《ちんかいせき》」と呼ばれる石だ。

鎮懐石は「懐妊を鎮める石」を意味し、具体的には「出産を延期させる力」があると伝えられている。そう、189ページで紹介した、神功皇后《じんぐう》が子どもの出産を遅らせるために用いた石である。

前述したとおり、神功皇后は夫の死後、女性の身でありながらヤマト王権のリーダーとして、朝鮮半島の新羅《しらぎ》討伐に乗り出した。

神から子どもを授かるというお告げを受けてはいたが、皇后が亡き夫の子を宿していることを知ったのは遠征中であった。それでも彼女は引き返さず、母子一体となって海を越えた。出征の際には、皇后は髪を男性のように角髪《みずら》に結っていた。髪全体を頭頂で左右に分け、それぞれ耳の横で輪を作って束ねた古代貴族のヘアスタイルである。

神功皇后の子・応神天皇。臣下の武内宿禰に抱かれている（歌川国芳・画）

しかし、子どもを宿している以上、出産日は迫ってくる。臨月ともなれば身体の自由がきかず、遠征に支障が出るのは必至である。

そこで皇后は、身体を張った行動に出た。石を二つ腰に巻いて、腹部を冷やすことで出産を遅らせようとしたのである。

結果、皇后の産み月は延びに延びた。女性の平均的な妊娠期間は9カ月強とされているが、皇后はそれを遥かに上回る15カ月もの妊娠期間を維持したという。この間に皇后は新羅の平定に成功。筑紫国（福岡県）に凱旋を果たすと、後に15代天皇となる応神《おうじん》天皇を産んだ。ちなみに皇后が出産した地は「宇美《うみ》」（福岡県糟屋《かすや》郡宇美町）と呼ばれるようになったが、それは「産み」から転じた地名であるという。そして神功皇后の遠征を支えた石は、後に鎮懐石と称されるようになったのだった。

あの有名歌人も鎮懐石を見た？

その後、鎮懐石はどうなったのか？　『古事記』には「御裳《みも》（衣服）に巻いた石は筑紫国の伊斗《いと》村にあり」との記述がある。伊斗は現在の福岡県糸島《いとしま》市だと推測されており、同市の鎮懐石八幡宮には皇后が出産後に石を奉納したという伝承が残されている。

出産を遅らせる石など存在するはずがない、と思ってしまうが、ある歴史上の人物が鎮懐石を目にし、その詳細を記録している。その人物が、奈良時代の歌人・山上《やまのうえの》憶良《おくら》だ。

憶良は『万葉集』の中で「怡土郡《いとぐん》（糸島市）の海に臨める丘に二つの石あり」と記し、鎮懐石の形状に言及している。当時の尺貫法で記されているので詳細は不明だが、現在のメートル法に置き換えると、一方の石は長さ約37センチメートル、周径約55センチメートルで、もう一つはこれをやや小ぶりにした程度だという。二つの石は鶏の卵のような形で、その美しさは口では言い表せないほどだった。さらに村を通る旅人は皆一様に神功皇后を偲《しの》んで石を拝んでいく、と憶良は伝えている。

もちろん、これが神話に登場する鎮懐石と同一のものであるとは考えにくい。それに二つの石の重さは合計で20キログラム前後と見られており、女性が身に付けるにはかなり重い。

それでも、鎮懐石は他の書物にも記録が残っている。『筑紫風土記』にある、「鎮懐石は白色でよく磨かれていた」といった記載がそうだ。加えて同書では、臨月の妊婦が出産を遅らせるため石を腰に挟む風習がある旨を記し、その由来を神功皇后の逸話に求めている。しかし、石は江戸時代には消失したとされ、残念ながら真の姿を見ることはできない。

42・武烈天皇が残忍に描かれた恐ろしい背景

悪逆非道の限りを尽くした天皇

大日本帝国憲法下において、天皇は「元首」と定められ、国の主権を有するとされた。建前としては、王政復古、つまりは天皇が国を統治した時代に戻ったということになっている。

実際には、天皇は皇族や群臣などの意見を聞いたり、摂政や関白に政務を任せたりと、天皇自身がリーダーシップを発揮する機会は稀《まれ》だったが、確かに神話の時代なら、独断で権力を行使していた天皇もいる。

たとえば仁徳《にんとく》天皇はそのような統治で善政を敷いて国を豊かにし、国民を潤わせたというが、逆に独裁者として人々を苦しめる天皇も、『日本書紀』には登場する。それが25代武烈《ぶれつ》天皇だ。

武烈天皇は24代仁賢《にんけん》天皇の皇子である。仁賢天皇が崩御すると、大臣の平群真鳥《へぐりのまとり》は

武烈天皇の陵墓と伝わる傍丘磐坏丘北陵

皇太子時代の武烈天皇を蔑《ないがし》ろにし、政治をほしいままにしていた。

これに憤りを覚えた武烈天皇は、大伴金村《おおとものかなむら》に命じて真鳥と息子の鮪《しび》を討伐。その後に即位し、大伴金村は大連《おおむらじ》となった。

武烈天皇は法令に詳しく、日暮れまで政務につき、公正で厳格な裁判で無実の罪を明らかにするなど、とくに訴訟の処断に長けていたという。それだけならいいのだが、問題は悪逆非道な行いが多かったことだ。

妊婦の腹を割いて胎児を見たり、人の爪を剥いで山イモを掘らせたり、人の頭髪を抜いて木の頂に登らせ、その木を切り倒して墜落死する様子を見て喜んだりと、現代の価値基準からすると受け入れられない行動を繰り返している。

その後も、人を池の堤の樋《ひ》の中に入れ、外に流れ出てくると三刃の矛で刺し殺したり、人を木に登らせて弓で射落としたりした他、女性を裸にして板の上に座らせ、馬の交尾を見せて興奮した女性は殺し、そうでなかったものは奴隷とするという、むごい仕打ちを行っている。

さらには、美食を好んで民の飢えるのを忘れることもあれば、芸能者を集めて淫らな曲を奏でて奇妙な遊びをさせ、日夜後宮の女性と酒に溺れるなど、淫蕩《いんとう》な日々を送っていたとも記されている。

継体天皇即位の謎

あまりにひどい書かれようだが、これらの記録があるのは『日本書紀』のみであり、『古事記』には記されていない。『古事記』に描かれているのは、長谷之列木宮《はつせのなみきのみや》で8年間在位したことと子どもがいなかったこと、御陵が片岡之石杯岡《かたおかのいわつきのおか》（傍丘磐坏丘）にあることくらいだ。『日本書紀』にしても、「しきりに諸悪を造し、一善も修めたまわず」という記述がある一方で、長時間にわたって執務を行い、裁判について巧みな手腕を発揮したという、矛盾した記述もある。

なぜ『日本書紀』は、武烈天皇を陥れる記録を残したのか。その理由は、26代継体《けいたい》天皇の即位に関係していると考えられる。

「記紀」にあるように、武烈天皇には皇位を引き継ぐ息子も兄弟もいなかった。いるのは手白香《たしらか》皇女と橘 仲《たちばなのなかつ》皇女という妹だけだ。そこで武烈天皇の崩御後、皇位継承者として白羽の矢が立てられたのが、近江国（滋賀県）の袁本杼命《おおどのみこと》（男大迹王）、のちの継体《けいたい》天皇である。

継体天皇は、15代応神《おうじん》天皇から5世代後に近江国で生まれたが、早くに父を亡くしたため、母の故郷である越前国（福井県）で育った。その後、王として越前もしくは近江を統治していたが、大伴金村、物部麁鹿火《あらかい》、巨勢男人《こせのおひと》といった朝廷の重鎮に招かれて即位を決意。このとき継体天皇は58歳になっていた。

しかし、継体天皇はなかなか大和へ入らず、なぜか河内国《かわちのくに》（大阪府）の樟葉宮《くすばのみや》で即位した。4年後に山城国（京都府）の筒城宮《つつきのみや》に都を遷したが、7年後に再び山城国の弟国宮《おとくにのみや》に遷っている。そして即位して19年後、ようやく大和の磐余玉穂宮《いわれのたまほのみや》に入ったが、その翌年に退位・崩御している。

他の箇所の記述と比べても、継体天皇の立場は特異である。そもそも、後継者がいないからといって、5世も前の天皇の子孫を即位させるのは自然ではない。それに政治の中心地である大和盆地へ入るのに20年近くも要しているのも疑問である。

これらの点から、天皇家は武烈天皇の時代で一度断絶し、継体天皇が新王朝を立てたと考える研究者もいる。越前・近江の豪族であった継体天皇がヤマト王朝を倒し、新たな支配者となったという考え方だ。即位から大和に入る期間が長かったのも、旧王朝と戦闘状態にあったことが反映されているという。

つまり、継体天皇は大伴金村らの力を借りて旧勢力を倒した、いわば侵略者である。だが、そんな経緯をそのまま歴史として後世に残すわけにはいかない。そこで正史である『日本書紀』では武烈天皇を暴君として描き、さらには跡継ぎがなかったことにして、わざわざ遠国から高齢の、しかも血のつながりの薄い王を招聘《しょうへい》したことを正当化した、というわけだ。

また、継体天皇が武烈天皇の妹である手白香皇女《たしらかのひめみこ》を皇后としている点も、注目されている。継体天皇が、大王（天皇）家との血縁を強くすることを目的としていたと考えることもできるからだ。

実在が疑われる武烈天皇

もちろん、この説には裏付けとなる史料はなく、異論も多い。

そもそも、武烈天皇は実在しなかったという説もある。『日本書紀』には、武烈天皇は歌垣《うたがき》で一人の女性をめぐって平群鮪と争ったとあるが、これと似た話が『古事記』にも出てくる。顕宗《けんぞう》天皇が即位前に女性をめぐって志毘臣《しびのおみ》と争ったというくだりだ。

また「妊婦の腹を割いて胎児を見た」などの話は、中国の歴史書『史記』にある殷《いん》王朝の紂王《ちゅうおう》のエピソードとほぼ同じである。当然、成立は『史記』の方が早い（『史記』に記された紂王の残虐なエピソードも、後世の脚色だと考えられている）。

このような、記述が重複したり、中国の歴史書の記述を参考にしたかのような書き方は『日本書紀』の他の箇所にも見られ、いずれも信憑性は低いと考えられる。

しかし、実在した人物であれば恐ろしいことだが、政治的に利用するために生みだされたのだとしたら、それはそれで恐ろしいことである。

43・「記紀」が触れたがらない暗殺された天皇とは？

「記紀」には、神話の時代に起こった神々の争いが描かれている。そうした神話は、ヤマト王権の支配を正当化し、政権の悪者を描き出すことが目的で、朝廷内の争いに関する記述があっても都合が悪い事実は描かれない。実際、592年に天皇暗殺事件という大事件が起きていたにもかかわらず、「記紀」の扱いは非常に消極的だった。

暗殺されたのは、32代崇峻《すしゅん》天皇である。6世紀半ばに生まれた、実在した天皇だ。『古事記』では遷都した宮都、没年日、埋葬地しか記述されていないが、実は歴代天皇の中で唯一、臣下に暗殺されたことが確実視されている人物なのだ。

そもそも崇峻天皇が即位できたのは、親戚関係にあった蘇我馬子《そがのうまこ》のおかげである。31代用明《ようめい》天皇の死後、馬子が皇位継承争いに勝利したことで、崇峻天皇は皇位に就いた。しかし、権力は馬子に集中し、他の群臣も虎視眈々と権力の座を狙っていたため、崇峻天皇が活躍する機会は少なかったようだ。

崇峻天皇が埋葬されているとされる倉梯岡陵（Takanuka/CC BY 3.0）

『古事記』には、この状況に不満を抱いた崇峻天皇が蜂起の意思を示したために、馬子は暗殺を決意した、とある。天皇は献上された猪を見ながら、猪の首を斬るように嫌う者の首を斬り落としたい、と発言したという。

事実かはともかく、崇峻天皇を危険視した馬子は、天皇の暗殺を企てる。翌月、馬子は崇峻天皇を騙して儀式の場に呼び寄せ、東漢駒《やまとのあやのこま》に暗殺させて政権内で不動の地位を築いたのだ。

暗殺後、天皇は直ちに埋葬され、陵墓はつくられなかった。このような迅速な動きから、天皇暗殺は馬子個人ではなく、群臣たちも関係していたのではないかと指摘する研究者もいる。それが事実なら、「記紀」編纂者が深く触れたがらないのも無理はないだろう。

44・皇位継承に欠かせない三種の神器の謎

神話から生まれた三種の神器

天皇家に古代から連綿と受け継がれている神宝、それが三種の神器《じんぎ》だ。「草薙剣《くさなぎのつるぎ》」「八咫鏡《やたのかがみ》」「八尺瓊勾玉《やさかにのまがたま》」の三種類を指し、現在でも皇室の重要な儀式に欠かせない秘宝として、神聖視されている。

これらの神宝は全て、「記紀神話」にルーツを持つアイテムでもある。草薙剣はスサノオがヤマタノオロチを斬り殺したときに、その尾から現れた神剣だ。「天叢雲剣《あめのむらくものつるぎ》」とも呼ばれるが、これは天に乱雲を巻き起こすヤマタノオロチにちなんだ名称である。

この剣を、スサノオは高天原の神々に献上。時代が下ると草薙剣はヤマトタケルが東国を平定する際に用いられ、敵の火攻めを退けるなどの霊力を発揮している。

八咫鏡と八尺瓊勾玉は、天岩戸神話に登場するアイテムだ。アマテラスが天岩戸に

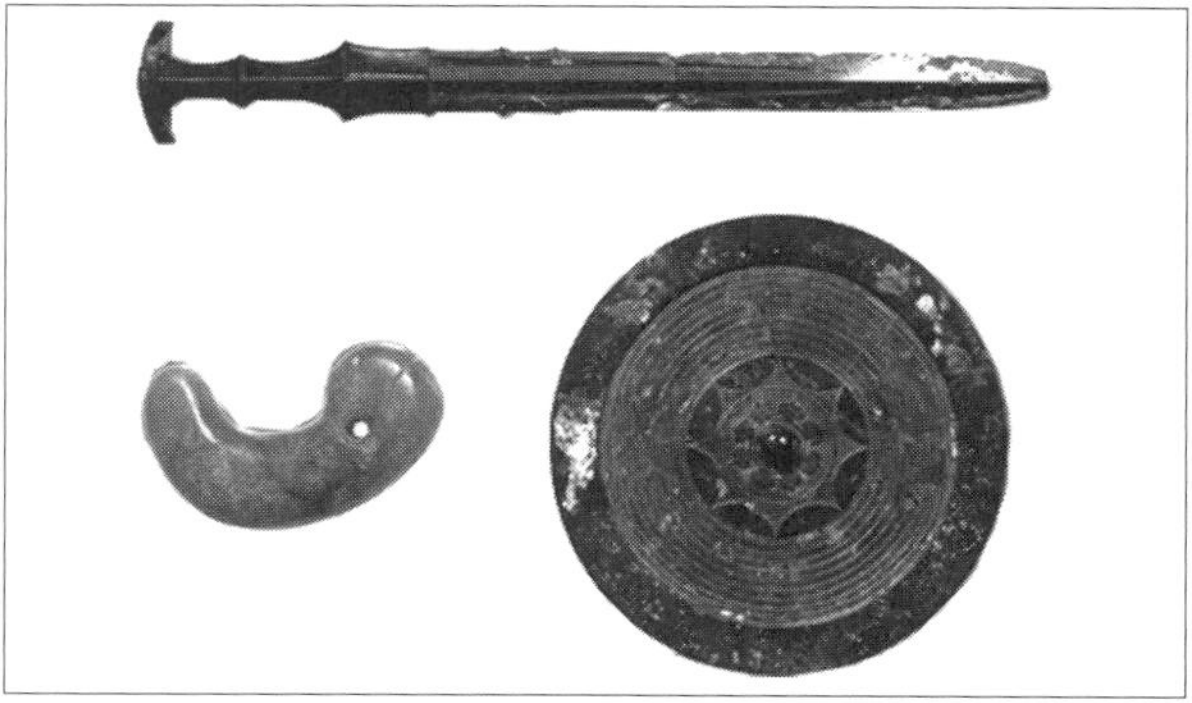

三種の神器のレプリカ。実物がどのようなものなのかは、天皇でさえわからない

姿を隠し、世界が闇に覆われると、焦った神々は岩戸の前で宴会を開きアマテラスの気を引こうとした。

外の騒ぎを不思議に思ったアマテラスが何事か尋ねると、神々は「あなたより高貴な神が現れたので皆で祝っています」と返答。その際、一枚の鏡を岩戸の前に差し出した。アマテラスは鏡に映った自分の姿を「自分より高貴な神」だと勘違いし、もっとよく見ようと身を乗り出すと、その隙に腕力のある神がアマテラスを外へ引き出した。このとき使われた鏡が、八咫鏡である。「記紀神話」において最初に造られた鏡でもある。

同じく八尺瓊勾玉も、アマテラスを招き出す祭祀のために造られた神宝である。「瓊」

には「赤い」の意味があるとされ、「咫」と「尺」は長さを表す上代《じょうだい》の単位である。「咫」と「尺」も発音は「アタ」といい、「一アタ」は、親指と中指とを広げた長さだと言われている。さらに「八」は古くから「多」「大」を表す数字だといわれている。相当な霊力があるという思いが込められていたのだろう。

これら三種の神器は、ニニギが天孫降臨をする際にアマテラスから授けられ、やがては皇位の正統性を保証する御印《みしるし》となったのだが、そんな由緒あるものには似つかわしくない、怪しいエピソードも残っている。

神器にまつわる怪異譚

現在、草薙剣と八尺瓊勾玉は赤坂御所に、八咫鏡は宮中三殿の「賢所《かしこどころ》」に安置されている。しかし、草薙剣と八咫鏡は「形代《かたしろ》」と呼ばれるレプリカで、実物の草薙剣は熱田神宮《あつたじんぐう》に、八咫鏡は伊勢神宮の内宮に奉安されている。

神話の時代の神器がそのままのかたちで残っているとは考えにくいが、この疑問に答えを出すのは容易ではない。何しろ三種の神器はその神聖さゆえ、俗人の目に触れてはならず、天皇でさえ見ることが許されない代物なのである。

もちろん、「見てはいけない」と言われれば見たくなるのが人情で、過去には神器を見ようとした者もいたのだが、記録の多くは怪異譚《かいいたん》のようなものばかりなのが実情である。

たとえば鎌倉時代初期の説話集『古事談《こじだん》』によると、57代陽成《ようぜい》天皇が異常な精神状態に陥った際、神器の納められた箱を開けてしまったと記されている。ただ、天皇が箱の紐を解くと、突如白い雲が立ち上ったため中身を知ることは叶わなかったという。

陽成天皇は草薙剣を抜いたとも言われているが、このときも急に御殿に閃光が走り、剣もみずから鞘《さや》に戻ったと伝わる。

また『平家物語』にも、八咫鏡の入った箱を開けた兵士の話が残されている。しかしこの兵士も蓋を開けた瞬間に目が眩み鼻血が出たため、鏡を見ることはできなかったという。神器を見ることがいかにタブーとされていたかが窺える。

なお、鏡を見たとされる人物は、近代にもいた。初代文部大臣の森有礼《もりありのり》である。森が鏡の裏を見ると、驚くべきことにヘブライ語の文字が綴られていたというが、もちろんこれは根拠のない噂話に過ぎない。

45・子殺しにも使われた最古の剣　十束剣

子殺しに使われた日本最古の剣

日本神話には、さまざまなアイテムが登場する。強い霊力を宿して神々をサポートするものもあれば、ときには悲劇を生んだものもある。代表的なものは、「刀剣」である。神話内で最初に剣を振るうのは、イザナギだ。その相手は、自分の子どもである。イザナギ・イザナミの夫婦は多くの神を世に送り出したが、火の神であるカグツチを出産したとき、イザナミの身体は炎をまとった胎児に焼かれて絶命。イザナギは「愛しい妻の命をひとりの子と引き換えにせよと言うのか」と激怒すると、妻を死にいたらしめたカグツチの首を剣で刎《は》ねた。このときに使われたのが、「十束剣《とつかのつるぎ》」である。

十束剣は「十拳剣」「十握剣」とも書き、剣の長さが拳十個分あったとされることに由来する。ただ、十束剣は特定の剣の名称ではなく神話に登場する剣の総称で、その場面によって呼称も変わる。実際イザナギが振るった十束剣にも、「天之尾羽張剣《あめのおはばり》」

や「伊都之尾羽張《いつのおはばり》剣」などの別称がある。

我が子の殺害という陰惨な場面で用いられた十束剣だが、この剣から流れたカグツチの血からは、山や水、雷などの新たな神々が生み出されることになった。十束剣は延焼し、災いの元になる火の神を滅ぼし、代わりに人間に恵みをもたらす自然神を生み出したとも言えるだろう。

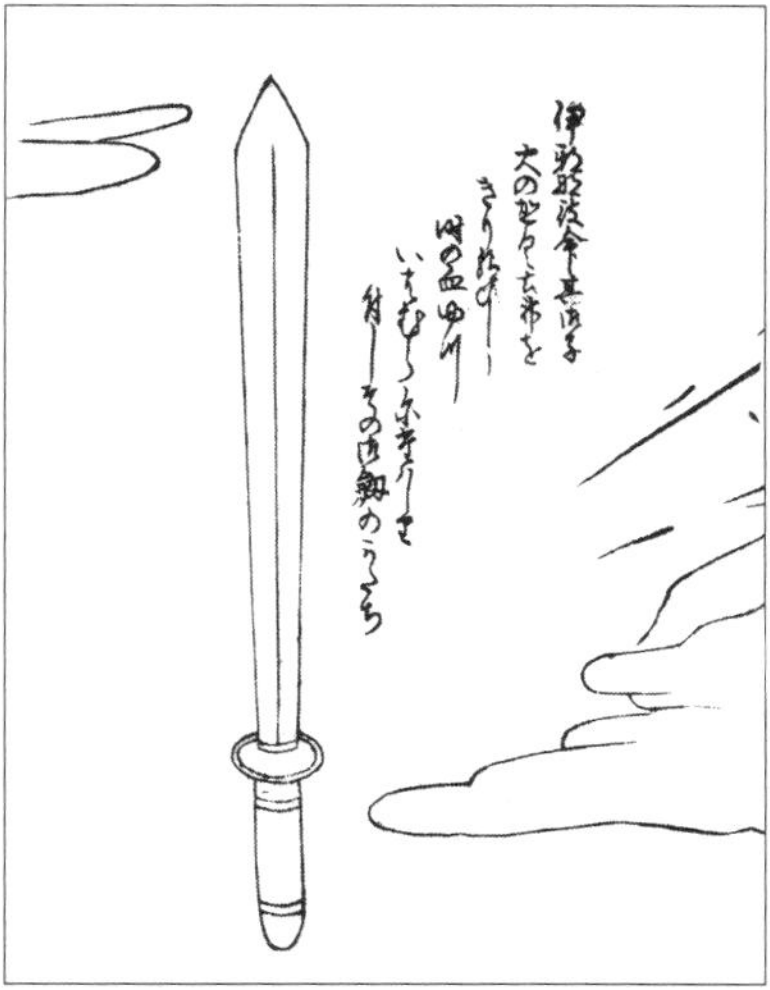

イザナギがカグツチを斬り殺すときに使った十束剣（『神代正語常磐草』国会図書館所蔵）

また十束剣は、イザナギを黄《よ》泉国《みのくに》から脱出させる手助けもしている。黄泉国で亡者の軍勢に追われるイザナギは、攻撃を振り切るために十束剣で応戦したが、その際、イザナギは十束剣を「後ろ手に振った」と記されている。

不自然な行為に思えるが、これには重要な意味がある。古代では後ろ手で何かを行うのは呪術の一種とされ、このイザナギの動作にも「祓《はら》い」のような意味があったと考えられているのだ。こうして十束剣は子殺しという悲劇の剣から、悪霊を追い払う破邪の剣となるのであった。

草薙剣を見出した十束剣

次に十束剣が現れるのは、スサノオによるヤマタノオロチ退治の場面だ。スサノオは生贄にされた乙女を救うべく、ヤマタノオロチに酒を飲ませ泥酔状態にさせた。その隙にスサノオはヤマタノオロチを成敗するのだが、このときに用いられた武器が十束剣で、別名「天羽々斬剣《あめのはばきり》」とも呼ばれている。

平安時代前期の歴史書『古語拾遺《こごしゅうい》』によると、「古語に大蛇を羽々という」とあるから、天羽々斬剣はまさに蛇を屠《ほふ》った剣ということになる。

さて、スサノオがヤマタノオロチを斬っていると、途中で天羽々斬剣の刃が欠けてしまった。不審に思ったスサノオが怪物の死骸を検分すると、尾から鋭利な太刀が出現した。この刀こそが三種の神器の一つ「草薙剣」だ。見方を変えれば、天羽々斬剣は皇室の至宝を見出したわけである。

それだけ特別な剣であるから、この天羽々斬剣は、10代崇神《すじん》天皇の時代に奈良県の石上神宮《いそのかみじんぐう》に祀られたという。そうした神話由来の伝承を持つ剣は、確かに石上神宮に祀られている。1878年、禁足地《きんそくち》を発掘した際に出土した全長約1・2メートルの片刃の刀がそうだ。

三種の神器の中には安置場所が変わったものもあるが、この神器はずっと奈良の地に納められていたという。その理由は、神の怒りを避けるためだとされている。平安時代初期に編纂された史書『日本後紀』によると、50代桓武天皇が天羽々斬剣を平安京に移したところ、剣を納める倉が倒れ天皇自身も病に倒れるなど、剣の祟りと思われる怪異が次々に起こったというのだ。そのため天皇は剣の怒りを鎮めるべく、僧侶に読経をさせたうえで神宝を石上神宮に戻したと記されている。天羽々斬剣にいかに強い霊力が宿っていたかが窺えるエピソードだ。

46・神々や天皇を救った霊剣　布都御魂剣

オオクニヌシを平伏させた布都御魂剣

剣がどのように使われるかと問われれば、刺突《しとつ》、斬撃《ざんげき》など物理的な攻撃を連想する人が多いだろう。だが日本神話では、それ以外の不思議な使用方法についても記されている。

場面は、「オオクニヌシの国譲り」のシーンにおいてである。

オオクニヌシは葦原中国《あしはらなかつくに》を統治し発展させたが、やがてその繁栄ぶりは高天原《たかまがはら》にまで届くようになっていた。そこでアマテラスは自分の子孫こそが地上の世界を支配するべきとして、オオクニヌシに国を譲るよう命じる。このとき使者として葦原中国に赴いた一柱が、十束剣を携えたタケミカヅチであった。

タケミカヅチは、２０９ページに記したようにカグツチの血によって生まれた神の一柱である。いわば十束剣の化身のような存在で、のちの時代には剣の神、武の神と

オオクニヌシを降伏させたタケミカヅチ。江戸時代には地震の化身であるナマズを退治する存在だと考えられるようになっていた

しても信仰されるようになる。

「記紀」においても、タケミカヅチの剣によるパフォーマンスは派手だった。オオクニヌシと相対すると、タケミカヅチは十束剣の剣先を上にして波に突き立て、自身はその上であぐらを組んで国を差し出すよう迫ったのである。

この迫力ある威嚇《いかく》行為に気を呑まれたのか、オオクニヌシは息子と相談のうえ領土を明け渡すことを承諾。十束剣は、国譲りの重要場面の演出に、大きな役割を果たしたのである。このような剣によるパフォーマンスは、実際の宗教儀式の影響を受けているのかもしれない。

日本に銅剣が伝わったのは、弥生時

代である。朝鮮半島から九州北部に伝わり、当初は武器として使用されていたようだ。それが次第に儀式に用いられるようになり、3世紀には華美な装飾が施されるようになっていた。そうした儀式の作法が神話に反映されていたとしても、おかしくはない。

なお、このとき用いられた十束剣は「布都御魂剣《ふつのみたま》」の名でも呼ばれている。「布都」とは諸説あるが、剣が物を「フツ」と断ち切るときの擬態語で、刀剣の威力を神格化した言葉とも言われている。

神武天皇の命を救った剣

布都御魂剣は、神武東征の際にも登場している。

初代神武天皇となるイワレビコと一行が、高千穂《たかちほ》から大和を目指し東へ向かっていたときのことである。その道中で紀伊国（和歌山県）の熊野の村に上陸すると、予想外の出来事がイワレビコを待ち受けていた。どこからともなく一匹の大きな熊が現れ、しばらくして姿を消したかと思うとイワレビコは意識を失って倒れ、彼が率いる軍勢も一斉に眠り込んだのである。実は熊は熊野の山を守護する神の化身で、イワレビコたちはその邪気に当てられたのだ。

ここで敵の襲撃を受ければ、一行は全滅である。そんな絶体絶命の場面を救ったのが、熊野に住む高倉下《たかくらじ》（以下タカクラジ）だ。タカクラジがイワレビコが倒れている場所へ参じて布都御魂剣を献上すると、イワレビコは正気を取り戻し、一行も目覚めることとなった。そしてイワレビコが剣を受け取ると、熊野の荒ぶる神もたちどころに斬り倒された。

タカクラジは「倉の管理人」だとされている。なぜそのような人物が霊剣を持っていたのか。タカクラジによると、夢の中でタケミカヅチからイワレビコに渡すよう言われたのだという。そして彼が翌朝倉に赴くと本当に霊剣が置かれていたというのである。

かくして布都御魂剣はイワレビコの命を救い、彼の東征を大いに助けたのであった。この布都御魂剣も天羽々斬剣同様、石上神宮に祀られていると言われる。

ちなみに、茨城県の鹿島《かしま》神宮（鹿嶋市）には布都御魂剣と伝えられる刀が保管されており、こちらは全長271センチメートルを誇る長刀で国宝にも指定されている。この地に剣が奉納されたのは、神武天皇が即位した年にタケミカヅチが勅使として派遣された伝承があるためと語られている。

参考文献一覧

「「作品」として読む古事記講義」山田永著（藤原書店）
「古事記講義」三浦佑之著（文藝春秋）
「古事記完全講義」竹田恒泰著（学研パブリッシング）
「桃」有岡利幸著（法政大学出版局）
「知れば知るほど面白い 古事記」三橋健著（実業之日本社）
「図解雑学 古事記と日本書記」武光誠著（ナツメ社）
「物部・蘇我氏と古代王権」黛弘道著（吉川弘文館）
「ヤマト政権誕生と大丹波王国」伴とし子著（新人物往来社）
「未確認飛行物体ＵＦＯ大全」並木伸一郎著（学研パブリッシング）
「神話のなかのヒメたち　もうひとつの古事記」産経新聞取材班著（産経新聞出版）
「図解 巫女」朱鷺田祐介著（新紀元社）
「萬葉集 二」小島憲之・木下正俊・佐竹昭広校注訳（小学館）
「三種の神器　謎めく天皇家の秘宝」稲田智宏著（学習研究社）
「三種の神器　〈玉・鏡・剣〉が示す天皇の起源」戸矢学著（河出書房新社）
「名刀 その由来と伝説」牧秀彦著（光文社）

「日本人なら知っておきたい英雄 ヤマトタケル」産経新聞取材班著（産経新聞出版）
「新版古事記　現代語訳付き」中村啓信訳注（ＫＡＤＯＫＡＷＡ）
「現代語訳　日本書紀」福永武彦訳（河出書房新社）
「古代史悪党列伝」関裕二著（主婦と生活社）
「本当は怖い日本の神さま」戸部民夫著（ＫＫベストセラーズ）
「なぜ八幡神社が日本でいちばん多いのか【最強11神社】八幡・天神・稲荷・伊勢・出雲・春日・熊野・祇園・諏訪・白山・住吉の信仰系統」島田裕巳著（幻冬舎）
「天皇１２５代と日本の歴史」山本博文著（光文社）
「新版　面白いほどよくわかる日本の神様　古事記を彩る神々の物語を楽しむ」田中治郎著・山折哲雄監修（日本文芸社）
「神道入門　日本人とって神とは何か」井上順孝著（平凡社）
「日本の神々　多彩な民俗神たち」戸部民夫著（新紀元社）
「知識ゼロからの神社入門」櫻井治男著（幻冬舎）
「ビジネスマンの常識　神社のしくみと慣習・作法」三橋健編著（日本実業出版社）
「面白いほどよくわかる　仏教のすべて」田代尚嗣著・金岡秀友監修（日本文芸社）
「県史24三重県の歴史」稲本紀昭他著（山川出版社）
「八百万の神々　日本の神霊たちのプロフィール」戸部民夫著（新紀元社）
「日本の神社を知る「事典」」菅田正昭著（日本文芸社）

「日本神さま事典」三橋健／白山芳太郎編著（大法輪閣）
「妖怪事典」村上健司編著（毎日新聞社）
「呪い方、教えます。」宮島鏡著・鬼頭玲監修（作品社）
「神仏習合」義江彰夫（岩波書店）
「牛頭天王と蘇民将来伝説　消された異神たち」川村湊著（作品社）
「言霊研究入門」小寺小次郎著（八幡書店）
「新版　伊勢神宮の謎　なぜ日本文化の故郷なのか」高野澄著（祥伝社）
「言霊とは何か　菅原道真・平将門・崇徳院」佐佐木隆著（中央公論新社）
「逆説の日本史3古代言霊編　平安建都と万葉集の謎」井沢元彦著（小学館）
「諏訪大社の御柱と年中行事」宮坂光昭著（郷土出版社）
「怨霊とは何か」山田雄司著（中央公論新社）
「図解　ふしぎで意外な神道」岡田明憲他著（学研パブリッシング）
「図解雑学 日本の妖怪」小松和彦編著（ナツメ社）
「別冊歴史読本33　歴代天皇・皇后総覧」（新人物往来社）
「面白いほどよくわかる　天皇と日本史」阿部正路監修（日本文芸社）
「耳鼻削ぎの日本史」清水克行著（文藝春秋）
「ツクヨミ　秘された神」戸矢学著（河出書房新社）
「神、人を喰う　人身御供の民俗学」六車由実著（新曜社）

「尋常小学校ものがたり　昭和初期・子供たちの生活誌」竹内途夫著（福武書店）
「新版　国家神道とは何だったのか」葦津珍彦著（神社新報社）
「図説　教育の歴史」横須賀薫監修著・千葉透・油谷満夫著（河出書房新社）
「神功皇后の謎を解く　伝承地探訪録」河村哲夫著（原書房）
三重県ＨＰ（https://www.pref.mie.lg.jp）
国立国会図書館デジタルコレクション（https://dl.ndl.go.jp）

彩図社好評既刊本

本当は怖い日本のしきたり

火田博文 著

本書では、日本人の持つしきたりに隠された、忌まわしい、あるいは死の臭いに満ちたエピソードを集めた。本当は怖い由来のある風習が、日本にはなんと多いことかと驚かされる。我々が大事にしているしきたりや風習には、陰の歴史が刻まれている。

ISBN978-4-8013-0344-7　文庫版　713円(税込)

彩図社好評既刊本

その土地の人が口を閉ざす

日本列島のヤバイ話

歴史ミステリー研究会 編

東尋坊沖にある自殺体が流れ着く島、世界遺産に眠る藤原一族のミイラ、呪われた人形が最後に行き着く場所……。日本各地にはいまだ「異界」が数多く残っている。日常ではあまり話題にのぼらないが、確実に存在し、異様な雰囲気を放ち続けている場所の数々を紹介する。

ISBN978-4-8013-0495-6　文庫版　730 円（税込）

※本書は2019年9月に小社より刊行された『本当は怖い日本の神話』を文庫化したものです。

カバー画像：月岡芳年『日本略史　素戔嗚尊』

本当は怖い日本の神話

2021年9月10日　第一刷

編者　古代ミステリー研究会

制作　オフィステイクオー（執筆協力：高貝誠）

発行人　山田有司

発行所　株式会社彩図社《さいずしゃ》

〒170-0005　東京都豊島区南大塚3-24-4 MTビル

TEL:03-5985-8213
FAX:03-5985-8224

印刷所　新灯印刷株式会社

URL：https://www.saiz.co.jp
https://twitter.com/saiz_sha

ISBN978-4-8013-0547-2 C0139